KÖNIGS ERLÄUTERUNGEN

Band 284

Textanalyse und Interpretation zu

Gerhart Hauptmann

DIE RATTE

Rüdiger Bernhardt

Alle erforderlichen Infos für Abitur, Matura, Klausur und Referat
plus Musteraufgaben mit Lösungsansätzen

Bange Verlag

Zitierte Ausgaben:
Gerhart Hauptmann: *Die Ratten. Berliner Tragikomödie*. Hamburger Leseheft Nr. 220. Husum/Nordsee: Hamburger Lesehefte Verlag, 2011. Zitatverweise sind mit **HL** gekennzeichnet.
Gerhart Hauptmann: *Die Ratten. Berliner Tragikomödie*. Ullstein Buch Nr. 23563. Berlin: Ullstein Buchverlage GmbH, ^{40}2011. Zitatverweise sind mit **U** gekennzeichnet.

Über den Autor dieser Erläuterung:
Prof. Dr. sc. phil. Rüdiger Bernhardt lehrte neuere und neueste deutsche sowie skandinavische Literatur an Universitäten des In- und Auslandes. Er veröffentlichte u. a. Studien zur Literaturgeschichte und zur Antike-Rezeption, Monografien zu Henrik Ibsen, Gerhart Hauptmann, August Strindberg und Peter Hille, gab die Werke Ibsens, Peter Hilles, Hermann Conradis und anderer sowie zahlreiche Schulbücher heraus. Von 1994 bis 2008 war er Vorsitzender der Gerhart-Hauptmann-Stiftung Kloster auf Hiddensee. 1999 wurde er in die Leibniz-Sozietät gewählt.

1. Auflage 2013
ISBN 978-3-8044-1971-1
PDF: 978-3-8044-5971-7, EPUB: 978-3-8044-6971-6

Titelbild: Inge Meysel als Jette John in der Inszenierung *Die Ratten*, Thalia Theater Hamburg – Februar 1965 © ullstein bild – Rosemarie Clausen
Druck und Weiterverarbeitung: Tiskárna Akcent

1. DAS WICHTIGSTE AUF EINEN BLICK – SCHNELLÜBERSICHT

Damit sich jeder Leser in diesem Band rasch zurechtfindet und das für ihn Interessante gleich entdeckt, folgt eine Übersicht.

Im 2. Kapitel wird Gerhart **Hauptmanns Leben** beschrieben und auf den **zeitgeschichtlichen Hintergrund** verwiesen:

⇨ S. 12 ff.

→ Gerhart Hauptmann lebte von 1862 bis 1946. Erste dichterische Erfolge hatte er nach 1885 in Berlin. 1889 löste sein soziales Drama *Vor Sonnenaufgang* einen Theaterskandal aus.

⇨ S. 21 ff.

→ Das Stück *Die Ratten* spielt 1886. Das Sozialistengesetz herrscht.

→ Die Wirtschaft wächst; in Berlin entstehen nach 1871 im Westen vornehme Viertel, während der Osten von Arbeitern bewohnt wird.

→ Die Griechenlandreise 1907 führte Hauptmann zu einer schicksalhaften Weltsicht, die in den Göttern die letzte Instanz und den Menschen einem Schicksal unterworfen sieht.

→ Das Stück entstand von 1907 bis 1911; Berlin wurde in dieser Zeit ein Ort der künstlerischen Avantgarde.

→ Das Mietshaus in *Die Ratten* ist eine Metapher für Preußen und Deutschland zwischen 1886 und 1910.

⇨ S. 27 ff.

→ Arbeiter, Kleinbürger, auch Ausgestoßene, Prostituierte, Wahnsinnige und Alkoholiker rückten in die naturalistischen Figurenensembles ein, behandelt wurden auch neue wissenschaftliche Erkenntnisse wie die Milieutheorie.

Im 3. Kapitel wird eine Textanalyse und -interpretation geboten.

Die Ratten – Entstehung und Quellen:

Die komplizierte Entstehungsgeschichte begann Mitte der achtziger Jahre. Eigene Erlebnisse, die bis 1885 reichen, und ein Pressebericht von 1907 gingen in die Handlung ein. Zwischen Frühjahr 1909 und Sommer 1910 wurde das Stück geschrieben. Letzte Veränderungen wurden im Oktober 1910 vorgenommen, im Januar 1911 wurde es uraufgeführt. ⇨ S. 30 ff.

Schauspielunterricht und Kindestausch, Themen aus unterschiedlichen Blöcken, teils bestärkt durch aktuelle Ereignisse und Berichte, werden verbunden. Titel, Handlung und Schluss wechseln im Laufe der Entstehung mehrfach.

Ähnlichkeiten mit Werken anderer Autoren – z. B. mit August Strindbergs *Gespenstersonate* – sind vorhanden.

Inhalt:

In einer Berliner Mietskaserne treffen sozial unterschiedliche Gruppen aufeinander: Auf dem Dachboden befindet sich der Fundus des ehemaligen Theaterdirektors Hassenreuter, den die Arbeiterfrau John in Ordnung hält. Hier probt Hassenreuter mit Schülern, verleiht Kostüme und trifft sich mit seiner Geliebten. ⇨ S. 36 ff.

In der zweiten Etage leben die Johns, die ein Kind verloren haben. Frau John nimmt sich mit fragwürdigen Mitteln des Neugeborenen eines polnischen Dienstmädchens an. Dadurch werden weitere illegale Handlungen ausgelöst, die in einem Mord gipfeln. Als sich die Verwicklungen lösen, ist ein zweites Kind, von Frau John dem Dienstmädchen unterschoben, gestorben und Frau John stürzt sich in ihrer Verzweiflung aus einem Fenster in den Tod.

Chronologie und Schauplätze:

➪ S. 48 ff.

Die fünfaktige Tragikomödie spielt 1886, in vorwilhelminischer Zeit, Schauplatz ist eine Mietskaserne in Berlin.

Das Drama besteht aus zwei unterschiedlichen Stücktypen: einem aristotelischen und einem naturalistischen. Sie sind reziprok zum Stoff eingesetzt, dem klassischen Stoff nach Schillers *Die Braut von Messina* wird ein naturalistisches Stationenstück, den Ereignissen um Frau John eine aristotelische Form unterlegt. Die beiden Stücktypen treffen in der Liebesbeziehung zwischen Spitta und Walburga zusammen. Der 3. Akt bekommt dabei eine besondere Bedeutung.

Bemühungen um die Einheit der Zeit werden unternommen, die Einheit des Ortes ist durch die Mietskaserne gegeben, die gleichzeitig zum Symbol für das Deutsche Reich nach 1871 unter preußischer Führung wird.

Personen:

Hauptpersonen sind u. a.

➪ S. 59 ff.

Henriette John:
- über Mitte 30,
- Proletarierin,
- mütterlich bis zum Verbrechen,
- nimmt sich das Leben;

➪ S. 61 ff.

Paul John:
- 40,
- Maurerpolier, arbeitete bisher auswärts,
- Sozialdemokrat,
- versteht die Vorgänge nicht;

Pauline Piperkarcka aus Skorzenin: ➪ S. 62 f.
→ „blutjunges" polnisches Dienstmädchen,
→ schwanger,
→ verlassen,
→ verführbar,
→ selbstmordgefährdet;

Bruno Mechelke: ➪ S. 63
→ 19,
→ Bruder der Henriette John,
→ asozial,
→ wird zum Mörder;

Harro Hassenreuter: ➪ S. 63 ff.
→ 50,
→ Bismarck-Verehrer,
→ sein selbstbewusstes Auftreten ist die Maske eines Schmierenkomödianten;

Walburga Hassenreuter: ➪ S. 66
→ unter 16; hübsch,
→ noch ängstlich, aber schon selbstbewusst,
→ Typ der Kindfrau;

Erich Spitta: ➪ S. 66 f.
→ 21,
→ Student der Theologie,
→ will Schauspieler werden,
→ bricht aus seinen Traditionen aus,
→ Züge des jungen Gerhart Hauptmann;

➪ S. 67 f.

Pastor Spitta:

→ 60,
→ Landpfarrer,
→ unchristliches Verhalten gegenüber der Tochter,
→ reaktionär.

Stil und Sprache Gerhart Hauptmanns:

➪ S. 98 ff.

→ Mischung aus Berliner Dialekt, Gaunersprache, gebrochenem Berliner Dialekt u. a. Dagegen gesetzt wird die Hochsprache der Hassenreuters und Spittas.
→ Naturalistische Sprachgestaltung durch Auslassungszeichen ohne grammatische Funktion.
→ Umsetzung von Sprachlosigkeit: Das Verstummen wird episch mitgeteilt.
→ Die dialogische Struktur wird preisgegeben und zerstört.
→ „Windschiefes“ Gespräch: Die Menschen sprechen aneinander vorbei, hören nicht zu und reagieren unerwartet.
→ Der Dialog wird von zentralen Metaphern und Symbolen durchzogen: „Ratten“ und „Gespenster“, aber auch „Stern“.

Verschiedene Interpretationsansätze bieten sich an:

➪ S. 103 ff.

→ Die Tragikomödie als Gegensatz zweier Welten, in denen es eine Vielzahl von Gegensätzen gibt, z. B. den zwischen Theater und Wirklichkeit.
→ Die Großstadt trägt expressionistische Züge und wird für Hauptmann ein neuer Mythos.
→ Antike, christliche und moderne Mythen stehen nebeneinander und bedingen einander.
→ Archetyp (der Medusa) durch das soziale Moment bereichert.
→ Das Kunstgespräch im 3. Akt als Zusammenstoß unterschiedlicher Ästhetiken.

Rezeptionsgeschichte:

- Nach der zwiespältigen Wirkung der Uraufführung 1911 setzte sich das Stück durch. ⇨ S. 109 ff.
- Traditionell arbeitende Regisseure und das moderne Regietheater nahmen sich des Stückes an.
- Das Stück wurde auch durch Film, Fernsehen und Hörspiele verbreitet.
- Es wirkte in literarischen Werken von Georg Kaiser und andere über Friedrich Dürrenmatt bis zu Günter Grass nach.

Gerhart Hauptmann (1862–1946) um 1910 © ullstein bild

2. GERHART HAUPTMANN: LEBEN UND WERK

2.1 Biografie[1]

JAHR	ORT	EREIGNIS	ALTER
1862	Ober-Salzbrunn/ Schlesien (heute: Szczawno Zdrój)	15. November: Gerhardt Johann Robert (sic!) Hauptmann wird im Hotel „Zur Krone" (später: „Zur Preußischen Krone") als Sohn des Hotelbesitzers Robert Hauptmann und seiner Frau Marie, geb. Straehler, und als jüngerer Bruder des Dichters Carl Hauptmann (1858–1921) geboren. Einige Vorfahren waren Häusler, Weber und Gastwirte, der Großvater mütterlicherseits Brunneninspektor.	
1868–1874	Ober-Salzbrunn	Besuch der Dorfschule; 1873 privater Lateinunterricht.	5–11
1874–1878	Breslau	10. April: Eintritt in die Sexta der Realschule am Zwinger. Leidet unter der Schule. Umfangreiche außerschulische Lektüre. Schulentlassung am 29. April 1878 als Quartaner.	11–15
1877	Sorgau	Verarmung der Eltern, sie geben das Hotel auf und übernehmen die Bahnhofswirtschaft in Sorgau (Nieder-Salzbrunn). Freundschaft mit Alfred Ploetz.	14
1878	Breslau	Konfirmation in der Kirche zu St.-Maria-Magdalena.	15

1 Die Angaben folgen weitgehend Pfeiffer-Voigt, vgl. aber auch: Rüdiger Bernhardt: *Chronik von Gerhart Hauptmanns Leben und Schaffen*. In: Arbitrium. Hg. von Wolfgang Frühwald und Wolfgang Harms. Tübingen: Niemeyer, 1995, Heft 1, S. 95–98. Die Biografie wird bis zu den *Ratten* relativ ausführlich mitgeteilt, dann als Überblick. – In der „Alter"-Spalte wird, da Hauptmann so spät im Jahr geboren wurde, sein jeweils tatsächliches Lebensalter angegeben.

JAHR	ORT	EREIGNIS	ALTER
1878/ 1879	Lohnig, Lederose	Nach vorzeitigem Abgang von der Schule Landwirtschaftseleve (Schüler) auf den Gütern seines Onkels. Aus gesundheitlichen Gründen Abbruch der Lehre im September 1879.	15/16
1879	Breslau	Oktober: Bereitet sich privat auf das Examen für den Einjährig-Freiwilligen Militärdienst vor, gibt im Mai 1880 auf. Blutsbrüderschaft in einer Gruppe mit pangermanischen Idealen, ihr gehören Bruder Carl, Alfred Ploetz, Ferdinand Simon an.	16
1880	Breslau	Gedichte und Epos *Hermann*, heroisierende Dichtungen in der Tradition Felix Dahns.	17
	Lederose	Mai: Besuch bei den Verwandten, Leidenschaft für Anna Grundmann, seine Nachfolgerin als Eleve.	17
	Breslau	Ab 6. Oktober: Besuch der Königl. Kunst- und Gewerbeschule, Bildhauerklasse. Freunde: Hugo Ernst Schmidt, Josef Block.	17
1881	Breslau	Januar: Ausschluss von der Schule wegen schlechten Betragens. Privatschüler bei Professor Haertel, durch ihn wieder Aufnahme in die Schule. Plastische Arbeiten.	18
	Hohenhaus	Die Brüder Georg, Carl und Gerhart lernen die Töchter Adele, Martha und Marie (1860–1914) des Großkaufmanns Thienemann kennen, die sie später heiraten. 24. September: Hochzeit Georgs und dabei Aufführung von Gerharts *Liebesfrühling*. 29. September: Heimliche Verlobung Gerharts mit Marie auf Hohenhaus.	18

JAHR	ORT	EREIGNIS	ALTER
1882	Breslau	Marie Thienemann besucht ihn und gibt ihm wirtschaftliche Sicherheit. April: Abgang von der Kunstschule.	19
	Jena	November: durch Prof. Haertel zum Studium als stud. hist.: Geschichte, Literatur, hört bei Ernst Haeckel.	20
1883	Jena/Berlin	Februar: Abgang vom Studium, großer Eindruck von Berlin.	20
	Italien	April: Reise nach Spanien, Monaco und Italien, teils mit dem Bruder Carl. Capri, Vesuv, Neapel, Rom.	20
	Hohenhaus	1. Juli: Rückkehr über Florenz, Zürich zu Marie. Bildhauerpläne.	20
	Rom	Oktober: Bildhauer. Statue eines Kriegers bricht zusammen.	20
1884	Rom	Februar: Marie Thienemann besucht ihn, Typhuserkrankung.	21
	Dresden	Sechs Wochen in der Zeichenklasse der Akademie der Künste. 8. Oktober: offizielle Verlobung mit Marie Thienemann.	21
	Berlin	November: Immatrikulation gemeinsam mit Ferdinand Simon. Zwei Semester Studium u.a. bei Ernst Curtius und Du Bois Reymond. Nimmt Schauspielunterricht bei Alexander Heßler. Begeisterung durch Ibsens *Ein Puppenheim (Nora)*. Lektüre: Lessings *Hamburgische Dramaturgie*. Eigenes Werk: *Promethidenlos*.	22
1885	Dresden	5. Mai: Eheschließung mit Marie in der Johanniskirche.	22
	Hiddensee	29. Juli: erster Hiddenseebesuch; Rügenreise. Militäruntauglich.	22

JAHR	ORT	EREIGNIS	ALTER
	Erkner	Wohnung zuerst in Berlin-Moabit, dann seit 30. 9. in Erkner.	22
1886	Erkner	Erster Sohn, Ivo, geboren. Schauspielunterricht.	23
	Putbus	August/Sept.: Beziehungen zum Fürstlichen Theater. Blutsturz.	23
	Erkner	Bekanntschaft mit Max Kretzer, Wilhelm Bölsche und Bruno Wille.	23
1887	Berlin	H. sieht Ibsens *Gespenster* im Residenztheater.	24
	Erkner	Kontakt zum am 6. Mai 1886 gegründeten Verein *Durch!* Vortrag im *Durch!* über Georg Büchner (17. Juni).[2]	24
	Altlandsberg	Erste Vernehmung am 17. Juni. wegen des Vereins „Pacific" im Zusammenhang mit dem Breslauer Sozialistenprozess; Gefühl der Verfolgung. Inzwischen schreibt er sich „Gerhart" statt „Gerhardt" und bittet darum, so gedruckt zu werden.[3]	24
	Schlesien	August: Wanderung mit Hugo Ernst Schmidt durch das Riesengebirge, die Heimat auch für seine Dichtung entdeckt.	24
	Breslau	7.–14. November: Hauptverhandlung im Breslauer Sozialistenprozess. Hauptmann wird am 14. November vernommen.	24

---

2 Hauptmann hat nicht, wie zu lesen ist, Georg Büchner wiederentdeckt: Seit 1878 war Büchner durch die erste Veröffentlichung des *Woyzeck* und 1879 durch eine Werkausgabe (Hg. Karl Emil Franzos) bei den Naturalisten bekannt geworden. 1887 lagen bereits zahlreiche Rezensionen, Notate und Zitierungen vor.

3 Brief an Leo Berg vom 26. März 1887. In: Leo Berg: *Briefwechsel 1884-1891. Kritiken und Essays zum Naturalismus*, hrsg. von Peter Sprengel. Bielefeld: Aisthesis Verlag, 2010, S. 102.

JAHR	ORT	EREIGNIS	ALTER
1888	Zürich	29. Januar: Abreise nach Zürich, um sich weiterer Verfolgung zu entziehen. Carl Hauptmann und Martha haben ihn eingeladen. Freundeskreis mit Carl Henckell, Ploetz, Simon, John Henry Mackay, Wille, Bölsche, Frank Wedekind u. a.	25
	Burghölzli	Psychiatrische Studien bei Auguste Forel, Besuch der Irrenanstalt.	25
	Erkner	Rückkehr Ende Oktober.	25
1889	Hamburg	Mit Familie in Hamburg; Arbeit mit der naturalistischen„Notizbuchmethode" Zolas, wie schon in Zürich.	26
	Berlin	Beziehung zu Arno Holz und Johannes Schlaf. Gründung der *Freien Bühne* (5. April), Hauptmann tritt am 24. September in den Vorstand ein. Eröffnungsvorstellung mit Ibsens *Gespenster* am 29. September, enge Beziehungen zu Otto Brahm und Samuel Fischer.	26
	Erkner	18. August: erste Begegnung mit der 14-jährigen Margarete Marschalk, Schwester des Komponisten Max M., in Erkner. *Vor Sonnenaufgang* erscheint im August, Uraufführung mit Skandal am 20. Oktober in der *Freien Bühne*.	26
	Charlottenburg	September: Übersiedlung.	26
1890	Schweiz und Italien	Reisen. Zürich: Treffen mit Simon und Ploetz; Besuch Luganos u. a. Orte.	27
	Friedrichshagen	Beziehungen zu der dortigen Künstlerkolonie.	27
	Schreiberhau	Sommer: Kauf eines Hauses in Mittelschreiberhau.	27

JAHR	ORT	EREIGNIS	ALTER
1891	Berlin Schlesien	Februar: Treffen mit Henrik Ibsen. Frühjahr: Reisen ins Eulengebirge, Studien zu den *Webern*.	28
	Schreiberhau	9. August: Einzug in das umgebaute Haus, später folgt die Familie Carl Hauptmanns.	28
1892	Berlin	Verbot der *Weber* von der Zensurbehörde.	29
1893	Berlin	26. Februar: Uraufführung der *Weber* in der *Freien Bühne* (Neues Theater[4]) als geschlossene Aufführung.	30
	Berlin	2. Oktober: Aufhebung des *Weber*-Verbots für das Deutsche Theater.	30
	Berlin	14. November: entscheidende Begegnung mit Margarete Marschalk.	30
	Zürich	Dezember: Reise zu Ferdinand Simon, trifft August Bebel. Es hatten auch *Der Biberpelz* und *Hannele (Hannele Matterns Himmelfahrt, Hanneles Himmelfahrt)* in diesem Jahr Premiere, Höhepunkte im Schaffen des Dichters.	31
1894	New York	Januar: Marie bricht mit den Kindern zu einer Reise nach New York auf, Hauptmann – der mit Margarete lebt – folgt ihr. Die Ehe ist jedoch de facto zu Ende, de juris erst 1904.	31
	Schreiberhau Dresden/Berlin	Herbst: Auflösung des Haushalts; Marie siedelt mit den drei Söhnen nach Dresden über, Hauptmann nach Berlin.	31
1895–1901		Aufenthalte in Berlin, Dresden, Hiddensee, Schlesien, Italien. Grillparzer-Preis 1896 und 1899. Selbstmordabsichten.	32–38

4 Das Neue Theater am Schiffbauerdamm war am 19. November 1892 eröffnet worden. 1928 wurde darin Brechts *Dreigroschenoper* uraufgeführt, seit 1954 diente es als Sitz des von Brecht gegründeten *Berliner Ensembles*.

JAHR	ORT	EREIGNIS	ALTER
1901	Agnetendorf	10. August: „Haus Wiesenstein" wird bezogen. Es gehört nun zu den ständigen Aufenthaltsorten.	38
1903	Hirschberg	April: Geschworener in zwei Prozessen: gegen einen Weber wegen Brandstiftung und gegen eine Landarbeiterin wegen Kindestötung.	40
1903–1912		Wechselnde Aufenthalte, viele Bekanntschaften. Grillparzer-Preis 1905, Volksschillerpreis 1905, 1905 Ehrendoktor in Oxford.	40–49
1904		Scheidung von Marie, Heirat mit Margarete Marschalk.	41
1905	Berlin	13. September: Hauptmann begegnet Ida Orloff, heftige Liebe (Juni 1906 Trennung), wirkt in zahlreichen Texten nach.	42
1907	Berlin	Bericht im Berliner Lokalanzeiger gelesen: Kindestausch. **Erste Ideen zu den *Ratten*.**	44
	Griechenland	Reise von Triest nach Griechenland mit Familie und Freunden. Im Juni Rückkehr nach Agnetendorf.	44
1909	Sestri Levante	Frühjahr: **Ausarbeitung der *Ratten* begonnen.**	46
1910	Agnetendorf	Mai: Sohn Gerhart Erasmus geboren, zwei Tage später verstorben. Im August: **Abschluss der *Ratten* mit abweichendem Schluss.**	47
1911	Berlin	**Buchausgabe der *Ratten*. Uraufführung: Freitag, den 13. 1.,** am Lessingtheater, Berlin.	48
1912	Stockholm	Nobelpreis. – Zahlreiche Feiern zu seinem 50. Geburtstag.	49/50

JAHR	ORT	EREIGNIS	ALTER
1913–1914		Wechselnde Aufenthalte, erster Film nach einem Hauptmann-Werk (*Atlantis*).	50/51
1914–1918		Bei Ausbruch des Ersten Weltkriegs kriegsbegeistert. Nationalistische Gedichte.	51–55
1919–1933		Gerhart Hauptmann wird zu einem der wichtigsten Dichter der Weimarer Republik. Große Ehrungen zum 60. Geburtstag 1922.	56–70
1924	Kloster auf Hiddensee	Mit der Familie Thomas Manns auf Hiddensee; Ärger Hauptmanns über die Gestalt Peeperkorns in Th. Manns *Der Zauberberg*.	61
1926	Kloster auf Hiddensee	Erstmals in „Haus Seedorn", das er zuerst mietet, 1930 von der Gemeinde kauft und im Winter 1930/31 erweitern lässt.	63
1931	Darmstadt	Hauptmann inszeniert die *Ratten* am Landestheater.	68
1932	New York	Reden zu Goethes 100. Todestag. Feiern zu Hauptmanns 70. Geburtstag.	69/70
1933	München	15. Oktober: Uraufführung *Die goldene Harfe* zum Tag der deutschen Kunst, Zugeständnis an nationalsozialistische Politik. In der Zeit des Nationalsozialismus verhält sich Hauptmann opportunistisch: Er spricht sich nicht gegen ihn aus, stimmt in Einzelfällen sogar zu.	70
1936	Berlin	Gleichzeitig werden mehrere Stücke H.s in verschiedenen Theatern gespielt, darunter im Rose-Theater die *Ratten*, „es ist Festvorstellung"[5]. *Hamlet in Wittenberg*	73

5 *Perseus-Auge Hellblau*. Erhart Kästner und Gerhart Hauptmann. Briefe, Texte, Notizen, hrsg. von Julia Freifrau Hiller von Gaertringen. Bielefeld: Aisthesis Verlag, 2004, S. 106 , s. a. S. 119 und 123.

JAHR	ORT	EREIGNIS	ALTER
		wurde zum größten Theater-Erfolg des Jahres in Berlin. Goebbels besuchte am 6. 11. eine Aufführung von *Schluck und Jau* und empfing den Dichter in seiner Loge. Der S. Fischer Verlag bereitete die 5.–8. Auflage *Im Wirbel der Berufung* vor und die Volksbühne Berlin plante eine Aufführung der *Weber*.	
1937		Zahlreiche Ehrungen zum 75. Geburtstag, u. a. Lorbeerkranz mit Hakenkreuzschleife, zur Aufführung des *Michael Kramer* erschien Goebbels, *Biberpelz*-Verfilmung mit Heinrich George, Ansprache H.s *An die Deutschen in Übersee* u. a.	75
1942	Breslau, Wien	Zum 80. Geburtstag zahlreiche Ehrungen in Breslau und Wien.	80
1945	Dresden	13./14. Februar: Der Dichter erlebt die Zerstörung der Stadt. Er schreibt seine berühmte Klage über den Untergang Dresdens.	82
1945	Agnetendorf	3.–6. Oktober: Johannes R. Becher besucht gemeinsam mit dem sowjetischen Kulturoffzier Grigorij Weiss Hauptmann und bittet ihn um Mitarbeit am kulturellen Neuaufbau. Hauptmann stimmt zu.	82
1946	Agnetendorf	6. Juni: Tod Gerhart Hauptmanns.	83
	Berlin	21. Juli: Der Sonderzug mit dem Sarg Hauptmanns trifft ein.	
	Kloster auf Hiddensee	28. Juli: Seinem Wunsch entsprechend wird Gerhart Hauptmann bei Sonnenaufgang auf dem Inselfriedhof in Kloster beigesetzt.	

2.2 Zeitgeschichtlicher Hintergrund

ZUSAMMEN-FASSUNG

Das Stück *Die Ratten* spielt 1886, in der ersten Zeit naturalistischer Erfolge. Es ist die Zeit des Sozialistengesetzes.
Die Wirtschaft wächst und in Berlin entstehen im Westen vornehme Viertel, während der Osten von Arbeitern und sozialen Randgruppen bewohnt wird.
Zum zeitgeschichtlichen Hintergrund gehört die Entstehungszeit von 1907 bis 1911; Berlin wurde Ballungsgebiet und ein wichtiger Ort der künstlerischen Avantgarde.
Die Griechenlandreise 1907 führt bei Hauptmann zu einer Weltsicht, die in den Göttern die letzte Instanz sieht und den Menschen dem Schicksal unterwirft.
Das Mietshaus in der Tragikomödie *Die Ratten* wird zu einer Metapher für Preußen und Deutschland zwischen 1886 und 1910.

Stück spielt 1886

Das Stück spielt 1886, also nach der Reichsgründung 1871 und vor dem Wilhelminischen Zeitalter, das 1888 begann. Die erste Phase wurde von Bismarck beherrscht, nach Beginn der zweiten wurde er entlassen (1890). Nach der Reichsgründung 1871 entstand in Deutschland eine Großindustrie, die weltweit Bedeutung erhielt, Industrie und Landwirtschaft erreichten eine bisher nicht dagewesene Verflechtung. Nach der Entlassung Bismarcks als Reichskanzler 1890 wurde die Stimmung militanter und aggressiver, der Kampf gegen die Sozialdemokratie vernichtender, die wilhelminische Politik reaktionärer.

Zeit des Sozialistengesetzes

Um 1886 hatte der Naturalismus ohne Hauptmanns Beteiligung erste Erfolge (Zeitschriften, Verlagsgründungen, Anthologien usw.). Es war die Zeit des Sozialistengesetzes (1878–1890): Sozialdemokratische Vereine, sozialdemokratische Druckschriften u. a. waren verboten. Nach der Wirtschaftsrezession gab es seit 1883 wieder einen wirtschaftlichen Aufschwung, der sich auf Berlin, seit 1871 Hauptstadt des neuen Deutschen Reiches, auswirkte. Es begann die Ausweitung in den Westen, wo auch Hassenreuters wohnen (HL 19/U 28). Der Osten war der gefährlichere Teil, deshalb möchte Spitta Walburga „in dieser Gegend" (HL 19/U 28) begleiten. Der sogenannte „Zug nach dem Westen", nach „Berlin W", stand am Anfang; noch war der „Alte Westen" am Tiergartenviertel zu Ende.[6] Die Piperkarcka will nach „Schlachtensee oder Halensee" (HL 6/U 8) gehen, um ihren treulosen Liebhaber zu suchen, und meint eine entstehende Wohngegend, an deren Trockenwohnen der Liebhaber beteiligt ist. Bruno berichtet, er habe im Tiergarten geschlafen (HL 10/U 15), die Piperkarcka würde sich auch am Tage dort vor ihm fürchten (HL 7/U 11) und Spitta sieht sich dort von „Berliner Hyänen" (HL 71/U 104) umschlichen.

Hauptstadt Berlin

Naturalismus

Hauptmann kam 1886 in Berlin mit jungen Naturalisten zusammen, lernte ihre Ansichten und ihre Themen kennen: den sogenannten 4. Stand, das Proletariat, und die Schattenseiten (Ausgestoßene, Prostituierte, Kranke, Süchtige, Obdachlose) des sozialen Lebens. Ab 1890 begann sich der Naturalismus als Bewegung wieder aufzulösen, erhalten blieben die künstlerischen Methoden, mit denen Hauptmann in den *Ratten*, zwanzig Jahre später, arbeitete. Das Stück wurde ein Beispiel dafür, dass nach der naturalistischen Bewegung die entwickelten ästhetischen Mittel blieben. Auch auf naturalistische Themen griff Hauptmann zurück und verwendete eigene Erlebnisse und Erfahrungen (Schauspielunterricht, Teilnahme im Verein *Durch!* etc.), Näheres siehe Kapi-

6 Vgl. dazu: Annemarie Lange: *Das Wilhelminische Berlin*. Berlin: Dietz Verlag, 1976, S. 86 ff.

tel 3.1 „Entstehung und Quellen" der vorliegenden Erläuterung. Die Handlung lässt sich dadurch auf 1886 datieren; die Bestätigung liefert Frau John: Sie hat die Piperkarcka „bei de Normaluhr, wo ick an Alexanderplatz aus de Marchthalle bin jekomm" (HL 6/U 9), beobachtet. Die Häufung von Ortsangaben lässt aufmerken: Normaluhr und Alexanderplatz sind berühmte Punkte im Osten Berlins, die Markthalle am Alexanderplatz wurde am 3. Mai 1886 feierlich eröffnet.

Entstehungszeit von 1907 bis 1911

Als zweiter Zeitabschnitt wirkt die Entstehungszeit der *Ratten* von 1907 bis 1911 nach. Im Zweckverband „Groß-Berlin" wurden sechs Städte und 20 Gemeinden vereinigt. Aber es entstand keine Stadt, weil die westlichen Städte und Gemeinden ihre hohen Steuereinnahmen nicht einbringen wollten. Mit den konservativen Dörfern am Rande konnte das politisch aufgeregte Berlin in Schach gehalten und der Einfluss der Sozialdemokratie gebremst werden. Jedoch wurde Berlin das Zentrum der künstlerischen Avantgarde: Seit 1910 erschien die Zeitschrift *Sturm*, die sich für Expressionismus und Futurismus einsetzte, und seit 1911 die *Aktion*, die sich der Gruppe der Linken in der SPD näherte. Quer durch alle Gruppen gab es das verbreitete Gefühl, in einer Endzeit zu leben; das Symbol für Endzeiten und Tod, Unheil und Böses war schon immer die Ratte.

Gefühl der Endzeit

Ratten als altes Symbol

Griechenlandreise 1907

1907 hatte Hauptmann eine Reise nach Griechenland unternommen, auf der er seine bleibende Schicksalsgläubigkeit entwickelte. Er fand für seine gelebte Unentschiedenheit eine mythische Begründung, die er nie wieder aufgab: Die „Menschenseele" könne „zahllose Formen"[7] (CA VII, 31) annehmen und habe nur Schicksal

---

7 Gerhart Hauptmann: *Sämtliche Werke (Centenar-Ausgabe)*. 11 Bände. Hrsg. von Hans-Egon Hass. Berlin: Propyläen Verlag, 1996, Bd. VII, S. 31; Ausgabe zit. im weiteren Text als: CA, Band- und Seitenangabe.

und Götter über sich. Er habe Griechenland besucht, um die Götter „herrschen zu machen über mich“ (CA VII, 28).

Tragikomödie als Sinnbild für Preußen

Die Tragikomödie handelt zwar um 1886, umfasst geistig und politisch aber die gesamte Periode bis 1910. Das Stück wird Sinnbild für das Preußen und das Deutsche Reich nach der Reichsgründung 1871 bis zum Vorabend des Ersten Weltkrieges (1914–1918); das Berliner Mietshaus wird zur Metapher der gesellschaftlichen Struktur. Daraus erklärt sich, weshalb von den Spitzen des Reichs (Kaiser Wilhelm I., Fürst Statthalter, Prinzen) bis zu den Unterschichten (Prostituierte, Süchtige, Kriminelle) alle ihren Platz in diesem Haus oder seinem Umfeld bekamen. Man lebte „oberirdisch“ oder „unterirdisch“ (HL 60/U 89 f.), als Garderittmeister oder als suchtkranke Prostituierte, im Schloss oder in der Mietskaserne. Auch in der Mietskaserne gab es oben und unten: die bürgerliche Scheinwelt des Theaters oben und der „Gesangverein“ der „schwere(n) Jungen“ (HL 49/U 72) unten. Das Mietshaus ist auch typisch für Berlin.[8]

„Gegensatz zweier Welten“

Ein letztes Mal widmete sich Hauptmann einem sozialen Thema, bei dem die Gegensätze als Ausdruck von gesellschaftlichen Widersprüchen vorgeführt werden. Dieser „Gegensatz zweier Welten“ sei die „Idee des Dramas“ (CA XI, 809), schrieb Hauptmann in einem Aufsatz, der nach der Uraufführung entstand. Für den Dichter war das Kaiserreich ein Rattennest: Er erinnerte sich in einem Gedicht im Tagebuch vom 12. Januar 1944, an Gustav Adolf von Schweden, den Gegner Wallensteins. Seine Betrachtung endete:

---

8 Auf einem alten Stadtplan lassen sich die Orte wiederfinden. Vgl. Ekkehard Schwerk: *Ausflug nach Rummelsburg mit altem Stadtplan und Adressbuch – Nachspiel zu Gerhart Hauptmanns Tragikomödie ‚Die Ratten‘.* In: Der Tagesspiegel, Berlin, 5. Oktober 1997, Nr. 16121, S. 13

„… o Deutschland, was du einst gewest
Wer will den Reichtum je verstehen:
Was warst du für ein Rattennest!
Von widerspenstigen Ideen!“[9]

Auch in den *Ratten* treffen Erinnerungen an den Dreißigjährigen Krieg – auf dem Dachboden der Mietskaserne sind Pappenheimer (HL 5/U 7 u. ö.) und ein „schwedische(r) Reiterstiefel“ (HL 5/U 7) – auf eine morbide Gegenwart. Kurz vor den Versen hatte Haupt-

STRUKTUR DER BEZIEHUNGEN ZWISCHEN MIETSHAUS UND BERLIN

Menschen

leben/halten sich auf in (↑)
Berlin

kommen aus/arbeiten in (←)
Randgebieten von Berlin, Straßburg, Reichsland Elsass, Altona im preußischen Regierungsbezirk Schleswig, Brückenberg in Schlesien, Vogtland, Schwoiz in der Uckermark, Polen

bewegen sich in/am (→)
Schlachten- und Halensee, Landwehrkanal, Alexanderplatz, Markthalle, Tiergarten, Grunewald, Kreuzberg, Schiffbauer Damm (Zirkus Schumann), Bahnhof Zoo, Lehrter Bahnhof, Dragoner- und Barnimstr., Blumen- und Wallnerstr., Uferstr., Hausvogteiplatz, Parochialkirche, Hoftheater, Reichstag, Wuhlheide, Schildhorn, Plötzensee, Potsdam, Hangelsberg, Hasenheide (Park im Süden Berlins)

wohnen/verkehren im (↓)
Mietshaus (ehemalige Kavalleriekaserne)

---

9 Eintragung in das Tagebuch vom 12. Januar 1944, unveröffentlicht, Nachlass Gerhart Hauptmann in der Staatsbibliothek zu Berlin, Preußischer Kulturbesitz, HS 5x.doc

mann eine Privataufnahme Alexander Heßlers – das Vorbild des Hassenreuter – in sein Tagebuch geklebt, die in einer Zeitung mit der Unterschrift „Alexander Heßler. Gerhart Hauptmanns Lehrer der Dramaturgie" veröffentlicht worden war.[10]

10 Nachlass Gerhart Hauptmann in der Staatsbibliothek zu Berlin, Preußischer Kulturbesitz, HS 230x.doc, ohne Datum, nach dem 23. Oktober 1943 und vor dem Jahreswechsel 1943/44.

2.3 Angaben und Erläuterungen zu wesentlichen Werken

ZUSAMMEN-FASSUNG

Werke Hauptmanns, die in Verbindung mit den *Ratten* stehen:
1887 (vermutlich): ***Der Buchstabe tötet***
1887, Frühjahr: ***Heßler Maskenverleihanstalt***
1903: ***Rose Bernd***
1905: ***Mutterschaft*** (Fragment)
1909: ***Griselda***
1924, Uraufführung 1952: ***Herbert Engelmann***

Vermutlich 1887: In ***Der Buchstabe tötet*** besucht das Dienstmädchen Marie seine siebenjährige Tochter bei den Pflegeeltern Filiz auf dem Dorf und will die Pflege für ein Jahr bezahlen. Filiz lehnt das Geld ab und versieht Marie mit Schimpfworten wie „Sauleder und Saustücke" (CA XI, 29). Die Metapher der Ratten ist nicht vorhanden. Fragment und Titel, nach 2. Korinther 3, 6, lassen vermuten, dass Marie, nachdem sie verheiratet ist, das Kind wiederhaben will, dass aber eine Behandlung getreu dem Buchstaben für das Kind schädlich wäre. Der Maurer Filiz – den Namen Fielitz trägt der Schuster und Polizeispitzel im *Biberpelz* („bei dem lausigen Fielitzschuster", CA I, 489) und im *Roten Hahn* – ist darüber unglücklich. Wahrscheinlich war ein tragisches Ende geplant, „sei es im Hinblick auf das Kind Lieschen, sei es für den Pflegevater oder gar beide."[11]

Thema der Mutter

Das Thema der Mutter und der Mütterlichen war ein im Naturalismus beliebtes Thema, weil es sich mit der Frauenemanzipation verbinden ließ.

---

11 Requardt/Machatzke, S. 113

Frühjahr 1887: ***Heßler Maskenverleihanstalt*** notierte Hauptmann ein Thema als Nr. 17 auf einer Liste. Entsprechende Hinweise finden sich in autobiografischen Schriften des Dichters (CA VII, 1018, 1046; CA IX, 491). Der Titel kehrt in einer Fassung der *Ratten* wieder: *Der Storch beim Maskenverleiher* (CA IX, 1181). Er steht als Regieanmerkung in der endgültigen Fassung (HL 5/U 7).

1903: ***Rose Bernd*** behandelt ein ähnliches Thema wie die *Ratten* und stimmt in Teilen und Details überein. Rose Bernd gebiert ein Kind und erwürgt es, nachdem sie alles verloren hat.

1905: ***Mutterschaft*** (Fragment): Eine Ärztin in einer schlesischen Stadt setzt sich für uneheliche Kinder ein, wird dabei in den Wahnsinn getrieben, schließlich aber doch durch ein eigenes Kind rehabilitiert.

Einzelne Elemente der *Ratten*

1906 ***Neue Tragikomödie*** (Fragment) Gedanke einer Dramenreihe über Berlin: Darin finden sich einzelne Elemente der *Ratten*: „kleine Schauspielerin, nobel v[om] Geliebten ausgehalten", „der Verbrecher", „heruntergekommener Schauspieler", „das angenommene Kind", „Du sollst in'ne Droschke niederkommen, du Aas!" u. a. (CA IX, 380). Die Themen – Berlin, Schauspielunterricht und Kindestausch – wurden in den *Ratten* zusammengeführt.

Gegenstück zu den *Ratten*

1909: ***Griselda*** Die Bauerntochter Griselda wird vom Markgrafen Ulrich vergewaltigt, geschwängert und geheiratet. Ulrich ist eifersüchtig auf das kommende Kind, das nach vielen Wirren aus den beiden doch ein Paar macht. Die Arbeit an den *Ratten* beginnt unmittelbar nach Abschluss dieses Stücks. Fast erscheint *Griselda* (Zwei Menschen vereint „... das Naturkraftartige, ... die Schönheit des Triebs", CA XI, 805) wie ein Gegenstück zu den *Ratten* („... die Notdurft gesellschaftlichen Lebens" bringt die Personen zueinander, CA XI, 809).

1924, Uraufführung 1952: ***Herbert Engelmann*** war für Hauptmann „ein Seitenstück zu seiner Berliner Tragikomödie *Die Rat-*

ten“[12]. Die *Ratten* spielten vor dem Ersten Weltkrieg, *Herbert Engelmann* danach um 1923. Wiederum liegt ein Kriminalfall zugrunde: Der Mörder, ein mittelloser Soldat, geht nicht wie Mechelke unter, sondern wird ein anerkannter Schriftsteller. –

Kriminalfall

In diesem Zusammenhang wird auf eine Liste der Dramen Hauptmanns verzichtet, in denen im Titel (*Die Ratten, Der Biberpelz, Der rote Hahn, Wenn der Hirsch schreit* – Fragment) oder in Figurennamen (der alte Huhn aus *Und Pippa tanzt!*, der alte Hahn aus *Bauern-Drama* u. a.) Tiere eine Rolle spielen, die auf eine Animalisierung und Entgöttlichung des Menschen, aber auch auf seine Triebhaftigkeit deuten.

Mietskasernen und ihre Bewohner: bevorzugtes Thema im Naturalismus seit 1880

Arno Holz:	*Buch der Zeit* (1885), darin: *Phantasus*: „Ihr Dach stieß fast bis an die Sterne,/vom Hof her stampfte die Fabrik,/ es war die richtige Mietskaserne/mit Flur- und Leiermannsmusik!/Im Keller nistete die Ratte,/parterre gabs Branntwein, Grog und Bier,/und bis ins fünfte Stockwerk hatte/das Vorstadtelend sein Quartier.“[13]
Hermann Sudermann:	*Die Ehre* (1889) – Gegensatz von Vorder- und Hinterhaus.
Holz/Schlaf:	*Die Familie Selicke* (1890) spielt in einer Berliner Mietskaserne.

---

12 C. F. W. Behl: *Zwiesprache mit Gerhart Hauptmann. Tagebuchblätter*. München: Verlag Kurt Desch, 1948, S. 67

13 Arno Holz: *Das Buch der Zeit. Lieder eines Modernen*. Zürich: Verlags-Magazin Schabelitz, 1886, S. 389

3. TEXTANALYSE UND -INTERPRETATION

3.1 Entstehung und Quellen

ZUSAMMEN-FASSUNG

Das Stück entstand in einem komplizierten Prozess seit Mitte der 1880er Jahre. Eigene Erlebnisse, die bis 1885 reichen, und ein Pressebericht von 1907 gingen in den Stoff ein. Zwischen dem Frühjahr 1909 und dem Sommer 1910 wurde das Stück niedergeschrieben.
Schauspielunterricht und Kindestausch, Themen aus unterschiedlichen Blöcken, teils bestärkt durch aktuelle Ereignisse und Berichte, werden verbunden. Titel, Handlung und Schluss wechselten im Laufe der Entstehung mehrfach.
Ähnlichkeiten mit Werken anderer Autoren – z. B. mit August Strindbergs *Gespenstersonate* – sind vorhanden.

Pressebericht im „Berliner Lokalanzeiger" vom 13. Februar 1907

Ein Artikel aus dem „Berliner Lokalanzeiger" vom 13. Februar 1907 (Nr. 79, Morgenausgabe)[14] berichtete über zwei **Kindesunterschiebungen**. Eine kommt dem Geschehen in den *Ratten* nahe: Eine kinderlose Ehefrau in Rummelsburg hatte ihrem Mann eine Schwangerschaft vorgetäuscht und dann das Kind eines Dienstmädchens als eigenes ausgegeben. Das Dienstmädchen hatte aber für das Kind einen Vormund bestellt. Um den zu beruhigen, entführte die kinderlose Frau ein anderes Kind und schob es dem Vormund unter. Der Fall wurde geklärt und die Frau musste wegen der zweiten Entführung eine Woche ins Gefängnis. Die kinderlosen Eheleute bekamen das Kind des Dienstmädchens schließlich zugesprochen

14 Vgl. Bellmann, S. 63 f.

und hingen mit großer Liebe an ihm. Dieses Dokument traf auf ein bei Hauptmann bereits vorhandenes Interesse, wie das Fragment *Der Buchstabe tötet* (vermutlich 1887) belegt. Am 1. Juli 1907 wurde das Motiv der Kindesunterschiebung im Notizbuch Hauptmanns erwähnt: „Das Drama, Comödie, der Kindesunterschiebung."[15] Im April 1909 erinnerte sich Hauptmann an die Ereignisse in Rummelsburg und diktierte am 11. August 1909 ein Szenarium. Frau John, sie hieß in dem Entwurf Frau Laubschath, war 32 Jahre und Aufwartefrau; Hassenreuter trug neben diesem Namen noch den Heßlers. Der Ort war die „ehemalige Kavalleriekaserne Ecke Voltaire-/Alexanderstraße."[16] Die militärische Geschichte des Hauses macht einen Teil des spezifisch preußischen Charakters aus, auf den im Stück hingewiesen wird („seine frühere Bestimmung als Kasernenraum", HL 23/U 34); der Kavallerist Sorgenfrei lebt noch als Gespenst in dem Haus (Näheres dazu siehe unten).

Neun verschiedene Fassungen zwischen April 1909 und Oktober 1910

Es wurden neun verschiedene Fassungen, nach Rudolf Ziesche sechzehn Phasen der *Ratten* herausgearbeitet, die zwischen April 1909 und Oktober 1910 entstanden. Das Stück weist eine eine „außerordentlich komplizierte ... Entstehungsgeschichte"[17] auf.

Hauptmanns Schauspielunterricht bei Heßler

Gerhart Hauptmann nahm vom Winter 1884/85 bis zum Mai 1886 Schauspielunterricht bei dem ehemaligen Straßburger Theaterdirektor Alexander Heßler (1833–1900), der in Berlin (Franzerkaserne in der Alexanderstraße, Nähe Jannowitzbrücke) Privatunterricht gab. Heßlers Fundus wurde „auf dem Boden einer alten Kaserne" (CA VII, 1046) aufbewahrt. Das Erlebnis Hauptmanns wurde, wie bei ihm üblich, literarisch verarbeitet. Das traf auch auf andere Ereignisse zu: Die Geschichte des Pferdes, das seinen

---

15 Gerhart Hauptmann: *Tagebücher 1906 bis 1913*, S. 171
16 *Wirklichkeit und Traum. Gerhart Hauptmann 1862–1946*. Ausstellung der Staatsbibliothek Preußischer Kulturbesitz Berlin. Wiesbaden: Reichert, 1987 (Ausstellungskataloge 31), S. 180 f.
17 Peter Sprengel: *Gerhart Hauptmann. Epoche – Werk – Wirkung*, S. 140

Geschichte des Pferdes, das seinen Huf in der Luft hält

Huf in der Luft hält, bis die gestürzte Frau gerettet wurde (HL 32/U 48), steht im Tagebuch von 1905: „Eine alte Dame wird überfahren. Das Pferd hält den Huf so lange in die Höhe, bis die alte Dame hervorgezogen ist. Die Menschen schreien Hurra und füttern den Gaul mit Brot, das sie aus einem Bäckerladen in der Nähe holen."[18] Am 16. Dezember 1905 notierte er: „Der Soldat ‚Sorgenfrei' hat sich erschossen."[19] Das ging in den 3. Akt der *Ratten* ein (HL 44, 48/U 65, 70 f.) – Sorgenfrei hat sich im Stück erhängt – und öffnete die Handlung in die große Welt, denn ‚Sorgenfrei' ist die Übersetzung von Sanssouci; so heißt das Lieblingsschloss Friedrichs II. von Preußen. Bruno stellt fest, er sei nicht in „Zangzuzih" (HL 11/U 16) geboren worden. Das bezog sich weniger auf den Ort, mehr auf das soziale Umfeld, das sich mit dem Ortsnamen verband. – Die Hinrichtung einer „Witwe Mayer" (HL 33/U 49) wird dokumentiert und im Notizbuch 1907 vermerkt.[20] In einer anderen Fassung wird das Ereignis mit dem Zusatz, dass „noch vor kaum fünfzig Jahren, erst im Jahre achtzehnhundertsiebenunddreißig" (CA IX, 1172; vgl. 49) die Hinrichtung erfolgt sei, mitgeteilt, ein Hinweis auf die Handlungszeit 1886.

Soldat Sorgenfrei

Literarische Quellen

Hauptmann nimmt auch Bezug auf literarische Quellen: Das Stück variiert das weltliterarische Thema vom Streit zwischen biologischer und falscher Mutter, wie es durch das Urteil Salomos im Alten Testament bekannt geworden ist. Auf dieses Thema weist die Schlussvariante, die verworfen wurde und in der die John als „wahre Mutter" (vgl. S. 34 der vorliegenden Erläuterung) bezeichnet wird. Es ist damit auch eine Variation der Kreidekreis-Geschichte um

---

18 Gerhart Hauptmann: *Tagebücher 1897 bis 1905*, S. 454 und 678
19 Ebd., S. 459
20 Am 2. März 1837 wurde die Witwe Meyer auf dem Gartenplatz wegen Ermordung ihres Ehemanns „von unten herauf geradebrecht". Vgl. Gerhart Hauptmann: *Tagebücher 1906 bis 1913*, S. 526.

ein Kind, auf das mehrere Mütter Anspruch erheben. Darauf wird mehrfach im Stück verwiesen, zuletzt wird vom „Richter in Israel" (HL 94/U 139), gemeint ist Salomo und sein salomonisches Urteil (s. S. 93 der vorliegenden Erläuterung), gesprochen. Die Zeitgenossen vermerkten den Zusammenhang zwischen dem Stück und dem von König Salomo geschlichteten Mütterstreit: „Der leidenschaftliche Streit zweier unglücklicher Mütter um ein sterbendes Kind, der eine der bewegtesten Szenen bildet, gemahnt an den Mütterstreit, den König Salomo weise entschied. Hier sind wir freilich nicht bei Königen zu Gast."[21] Der Konflikt wird nicht gelöst, sondern hebt sich auf, weil die wirkliche Mutter ermordet wird und die vorgebliche Mutter sich aus dem Fenster stürzt. Die negativste Möglichkeit tritt damit ein.

Verschiedene Titel des Stücks

Zuerst trugen die *Ratten* Titel wie *Mutter John*, *Mutter Johns Kindbett* oder *Das Rattennest*. Im Juli 1909 erschien der Titel *Die Ratten* im Notizbuch, um im Januar 1910 den Titel *Der Storch beim Maskenverleiher* zu bekommen.[22] Damit wurde auf die Geburt des Kindes im Fundus Hassenreuters angespielt. Otto Brahm, Hauptmanns Freund und Theaterdirektor, akzeptierte den Titel nicht. Das Stück endete in dieser Fassung mit dem Tod der John, die zuvor von Quidde, so hieß Spitta in dieser Fassung, zur „tragische(n) Märtyrerin im blinden Getriebe des Schicksals" (CA IX, 1180) erhoben wurde. Für das Kind, das beide Mütter verloren hat, finden sich freundliche Menschen, es „soll keine Not leiden" (CA IX, 1180).

Strindbergs *Gespenstersonate*

Die Tragikomödie *Die Ratten* und August Strindbergs zur Entstehungszeit aktuelles Kammerspiel *Gespenstersonate* (1907,

---

21 Isidor Landau am 14. Januar 1911 im Berliner Börsen-Courier. Abgedruckt in: Hugo Fetting (Hrsg.): *Von der Freien Bühne zum Politischen Theater*. Drama und Theater im Spiegel der Kritik. Leipzig: Reclam, 1987 (Universal-Bibliothek Nr. 1140), Bd. 1, S. 414

22 Brahm, Otto; Hauptmann, Gerhart: *Briefwechsel 1889–1912*, S. 231

Uraufführung 22. 1. 1908) haben Ähnlichkeiten: Mietshäuser sind Abbilder von Welt. Strindbergs Stück spielt im Parterre und der ersten Etage eines luxuriösen Mietshauses, das Verfallserscheinungen zeigt; in den Wohnungen leben Hochstapler, mumifizierte und lebensunfähige Menschen.

Hauptmanns Überlegungen zum Schluss des Stückes: Wahn oder Tod

Hauptmann schwankte lange, ob er Frau John in den Tod schicken oder in Wahnsinn verfallen lassen sollte. Im August 1910 lag eine Überarbeitung vor, in der Frau John in den Wahnsinn fiel, wie es schon einmal in einer früheren Fassung der Fall war. Zunehmend verstärkt wurde Frau Johns Muttertrieb. Erst im Juli 1910 wurde als Grund für Frau Johns Muttertrieb der Tod eines leiblichen Kindes – des „Adelbertchens", das im Alter von nur acht Tagen an der „Bräune", einer Halserkrankung, starb – aufgenommen. Noch in einer kurz zuvor entstandenen Fassung war die Ehe der Johns „kinderlos" (CA IX, 1169).

Tod des Hauptmann-Sohnes Erasmus 1910 im Alter von zwei Tagen

Der Grund für die Veränderung war der Tod von Hauptmanns nur zwei Tage zuvor geborenem Sohn Gerhart Erasmus am 9. Mai 1910. Der Dichter beschrieb im Tagebuch die Betroffenheit der Mutter wie ein „Psychogramm der Mater dolorosa"[23]. Am 20. September 1910 entschloss sich Hauptmann zu einer Neufassung des Schlusses. Das beim Polizeipräsidium eingereichte Manuskript enthielt zwei Varianten der letzten Szene. Eine verstärkte den mythischen Charakter: Hassenreuter sagt zu Spitta: „... wir haben das Haupt der Gorgo[24] gesehen! Wer hätte der John so etwas zugetraut." Als Spitta sie als „wahre Mutter" bezeichnet, antwortet ihm Hassenreuter: „Sie werden ihr kein Verdienstkreuz auswirken, und wäre das Kind auch der leibhaftige Eros, Moses oder Dionysos."[25]

---

23 Peter Sprengel: *Die Wirklichkeit der Mythen*, S. 301

24 Gorgo: eine der drei Gorgonen, der „Schrecklichen", zu denen als einzig Sterbliche Medusa gehört.

25 *Gerhart Hauptmann. Leben und Werk*, Ausstellungskatalog, S. 176

Die Uraufführung fand am 13. Januar 1911 statt; es war das letzte Drama Hauptmanns, das Otto Brahm, der von den 21 Stücken Hauptmanns bis 1911 siebzehn uraufführte, auf die Bühne brachte.

3.2 Inhaltsangabe

ZUSAMMENFASSUNG

In einer Berliner Mietskaserne kreuzen sich zwei unterschiedliche Handlungen: Auf dem Dachboden befindet sich der Fundus des ehemaligen Theaterdirektors Hassenreuter, den die John in Ordnung hält. Hier probt Hassenreuter mit Schülern, verleiht Kostüme und trifft sich mit seiner Geliebten.
In der zweiten Etage leben die Johns, die ein Kind verloren haben. Frau John nimmt sich nun mit fragwürdigen Mitteln des Kindes eines polnischen Dienstmädchens, Piperkarcka, an. Dadurch werden weitere illegale Handlungen ausgelöst, die im Mord an der Piperkarcka gipfeln. Als sich die Verwicklungen lösen, ist ein zweites Kind, von Frau John dem Dienstmädchen unterschoben, gestorben und Frau John stürzt sich in ihrer Verzweiflung aus einem Fenster in den Tod.

Erster Akt

„Sonntags, Ende Mai" (HL 5/U 8), vermutlich der 30. Mai (vgl. HL 25/U 37): Im Dachgeschoss der Mietskaserne will Frau John dem schwangeren, verzweifelten Dienstmädchen Piperkarcka ihr kommendes Kind abkaufen, stellt der Bruder der John Bruno Fallen gegen Ratten auf, möchte sich Walburga, die Tochter des Direktors, mit ihrem Freund Spitta treffen, empfängt der Theaterdirektor Kollegen und seine Geliebte, schließlich auch Spitta, der die Schauspielkunst erlernen will. Während sich auf dem Dachboden Merkwürdiges abspielt – Piperkarcka gebärt ihr Kind und Walburga begreift den Vorgang nicht –, geht der Theaterdirektor schließlich zu seiner Geliebten.

In Dachgeschoss und Dachboden einer früheren Kavalleriekaserne – nahe Alexanderplatz und Markthalle (HL 6/U 9) –, hat der ehemalige Theaterdirektor Hassenreuter, der Schauspielunterricht gibt und Kostüme verleiht, seinen Theaterfundus untergebracht, den er aus seinem Ruin in Straßburg gerettet hat. Da der Boden von Ratten bevölkert ist, leidet auch sein Fundus. Jette (Henriette) John, die Frau des Maurerpoliers John, – Johns wohnen in der zweiten Etage – hält den Fundus in Ordnung und ist auch für die Reinigung der Dachräume zuständig. Dort hat sie sich nun auch mit Pauline Piperkarcka verabredet. Frau John hat schon längere Zeit, seit dem „Schneejestöber" (HL 38/U 56), die junge schwangere Frau beobachtet und daraus einen Plan entwickelt: Sie will diesem nun hochschwangeren polnischen Dienstmädchen Pauline Piperkarcka, stellungslos, vom Kindsvater verlassen und an Selbstmord im Landwehrkanal denkend, das kommende Kind abhandeln, da Johns eigenes Kind gestorben ist, und es als leibliches Kind ausgeben. Frau Johns jüngerer Bruder Bruno Mechelke trifft auf die beiden, als er auf dem Dachboden Mausefallen aufstellen und Ratten bekämpfen soll. Er ist von animalischem Aussehen (HL 7/U 10), unheimlich („'n Jespenst", HL 7/U 11) und angsteinflößend, von krimineller Energie, die Frau John nutzen könnte („Jnade Gott, wo ick Brunon hetze und der ma hinter een hinter is!", HL 8/U 11). Bruno hört Geräusche im Haus. Die Piperkarcka geht auf den Oberboden, Bruno folgt. Hassenreuters Tochter Walburga erscheint, sie will sich auf dem Dachboden heimlich mit dem Theologiestudenten Spitta, der ihr Privatstunden gibt – in einem Fragment ist von Englisch, Französisch und Literaturstunden die Rede (CA IX, 1153) –, treffen und bittet Frau John, dem Vater nichts zu sagen. Als Hassenreuter naht, muss auch sie auf den Oberboden. – Hassenreuter hat dem Hofschauspieler Jettel ein Kostüm versprochen, erzürnt diesen jedoch mit seiner hochfahrenden Art, sodass sich beide im

Schauplatz Dachboden

Frau John – Piperkarcka – Bruno – Walburga

Hassenreuter – Rütterbusch – Spitta

Streit trennen. Hassenreuter erwartet auf dem Dachboden seine Geliebte, die Schauspielerin Alice Rütterbusch. Sie berichtet, dass sie erfahren habe, Hassenreuter kehre als Direktor nach Straßburg zurück. Sie werden durch Spitta gestört; Alice versteckt sich in der Bibliothek. Spitta fragt Hassenreuter aus Ausrede für sein Auftauchen, ob er sich zum Schauspieler eigne. Der verneint und bringt Spitta hinaus. Walburga verlässt voller Angst vor Bruno und Unverständnis dem gegenüber, was sie erlebt hat, den Dachboden: Sie hat nicht erkannt, dass Pauline Wehen hat; zudem hat sie erfahren müssen, dass ihr Vater ein Verhältnis mit Alice unterhält. Während auf dem Oberboden die John Pauline das Kind zur Welt (HL 21 f./U 32) bringen hilft, geht Hassenreuter zu Alice.

Zweiter Akt

Im Gegensatz zum ersten Akt, der im Dachgeschoss spielt, ist der Handlungsort des zweiten die Wohnung der Johns im gleichen Haus. Johns haben einen Säugling, den Frau John in Abwesenheit ihres Mannes zur Welt gebracht haben will. Sie verbietet dem kranken Nachbarskind ihre Stube. Frau Hassenreuter und Walburga, später auch Hassenreuter statten einen Besuch ab. Hassenreuters Schüler erscheinen wie die Könige aus dem Morgenland; Spitta hilft der auf der Straße gestürzten Knobbe. Das Glück der John wird durch den Auftritt Piperkarckas zerstört, die ihr Kind zurückfordert und mitteilt, dass sie es auf dem Standesamt angemeldet hat und deshalb morgen ein Beamter zu erwarten ist.

Schauplatz Wohnung der Johns

Wenig später – immer noch „Ende Mai“ (HL 23/R 35) – halten sich in der sauberen, aber einfachen Wohnung der Johns im zweiten Stock der Mietskaserne Frau John mit ihrem Mann und dem gemeinsamen Kind, das sie während seiner Abwesenheit am 25. Mai zur Welt gebracht haben will (HL 25/U 37), auf. John arbeitet als Maurer in

Guenter Lamprecht als Paul John, Cordula Trantow als Jette John und Claudia Brunnert (Mitte) als Selma Knobbe in der Inszenierung *Die Ratten*, Freie Volksbühne Berlin – 1977 © ullstein bild – Buhs/Remmler

Altona[26] (damals Stadt im preußischen Regierungsbezirk Schleswig, erst 1937 nach Hamburg eingemeindet) und kommt selten nach Berlin. Die John duldet Selma Knobbe mit ihrem sterbenskranken Bruder Helfgott Gundofried, Kinder der suchtkranken Nachbarin Sidonie Knobbe, nicht in ihrer Wohnung, um „ihr" Kind nicht anzustecken, das sie Adalbertchen nennt wie ihren vor drei Jahren verstorbenen Säugling. Ihr Mann lehnt diese Namensgebung ab.

26 Wenn mehrfach von Hamburg gesprochen wird (HL 27, 31, 64/U 40, 46, 94), meint John die Bahnverbindung Berlin – Hamburg (HL 64 f./U 95), von der aus eine *Hamburg-Altonaer-Verbindungsbahn*, seit 1884 verstaatlicht und vom preußischen Staat betrieben, ihn an sein Ziel in Altona brachte.

Frau Hassenreuter und ihre Tochter Walburga besuchen die Johns. Frau John macht deutlich, dass sie ihren Mann mit dem Kind fest an sich binden will, hatte dieser doch an Auswanderung gedacht (HL 27/U 40). Frau Hassenreuter bringt einen „sogenannten Soxhlet-Kinder-Milchapparat" (HL 28/U 41). Hassenreuter kommt hinzu, beglückwünscht zu „deutschnationale(m) Menschenfleisch" (HL 28/U 42), erklärt den „Milchapparat" (HL 30/U 44) und verkündet sein politisches Programm. – Hassenreuters Schüler Kegel und Käferstein erscheinen wie „Könige aus dem Morgenlande" (HL 30/U 45). Spitta widmet sich vor seiner Ankunft noch der „Heilung sogenannter sozialer Schäden" (HL 30/U 45); er erzählt, auf der Straße einer Dame geholfen zu haben, die vor ein „Paar Omnibuspferde" (HL 32/U 48) gestürzt war. Dem Kind wird gratuliert, die Gäste trinken auf seine Gesundheit. John will nun in Berlin, „wo se de Fundamente [des neuen Reichstags] lejen" (HL 31/U 47) – Grundsteinlegung am 9. Juni 1884 –, arbeiten. Frau John enthüllt, dass die verunglückte Dame „die Knobben is" (HL 33/U 48), die „trinkt und allerhand Kundschaft hat" (HL 33/U 49). Sie wohnt den Johns gegenüber. Während Hassenreuter, Kegel und Käferstein zum Unterricht, John zu seinem Meister gehen, erklärt Spitta Walburga, dass er Schauspieler werden wolle, dass sein Vater deshalb nach Berlin komme und sie Probleme bekommen werden.

Die Piperkarcka will ihr Kind zurück

Das drohende Verhängnis kommt mit der Piperkarcka; Frau John verabschiedet Spitta und Walburga. Die Piperkarcka möchte der John das Geld für das Kind zurückzahlen und ihr Kind sehen. Die Situation eskaliert: Zuerst verleugnet die John das Kind und schlägt die Piperkarcka, dann will sie Pauline umgarnen. Pauline erzählt, sie habe das Kind unter dem Namen Aloisius Theophil, nach ihrem Verführer, auf dem Standesamt gemeldet, Frau John als Pflegemutter angegeben und morgen sehe ein „Herr von de Vormundschaft" (HL 40/U 60) nach dem Kind. Die John ist am Ende, „abwesend",

„geistesabwesend“ (HL 40/U 60) und verfällt in einen „hilflose(n) Ausdruck schwerer Bewusstlosigkeit“ (HL 41/U 61).

Dritter Akt

Auf dem Dachboden. Hassenreuter, der durch fehlende Kostüme und merkwürdige Funde irritiert ist, und seine Schüler proben und führen ästhetische Streitgespräche über Kunst und Politik. Hassenreuter, der wieder seine Geliebte erwartet, wird vom Vater Spittas aufgesucht, der den Sohn vom Schauspielen abhalten will. Dabei erfährt Hassenreuter zufällig, dass Spitta und Walburga ein Paar sind. Als die Probe weitergehen soll, erscheinen die Piperkarcka mit ihrem Kind, das sie aus der Wohnung der Johns geholt hat, das aber tatsächlich das kränkliche Kind der Knobbe ist, Frau Kielbacke vom „Landeskindererziehungsheim“ sowie schließlich der Polizist Schierke und Frau Knobbe auf der Suche nach ihrem Kind Gundofried. Während des Streites, den Piperkarcka und Knobbe um den Säugling führen, stirbt er.

Hassenreuter probt im Dachgeschoss mit seinen drei Schülern Schillers *Die Braut von Messina oder die feindlichen Brüder* im Beisein von Quaquaro, „Vizewirt oder Hausmeister“ (HL 42/U 62). Walburga führt derweilen das „Kontobuch“ (HL 42/U 62). Hassenreuter ist irritiert, er vermisst „mehrere Kisten mit Kostümen“ (HL 43/U 64) und hat merkwürdige Dinge gefunden, die sogar eine „Mordgeschichte“ (HL 44/U 65) vermuten lassen. Die Gegenstände wurden wahrscheinlich bei der Niederkunft der Piperkarcka benötigt, z. B. ein Federbett („Plumeau“, HL 43/U 64) und ein Nachttopf („unaussprechliche Scherbe“, HL 44/U 64). Es kommt zum ästhetischen Streitgespräch zwischen Spitta und Hassenreuter über die dramatische Kunst des Naturalismus und der Klassik. Unabhängig davon erklärt Hassenreuter die zentrale Metapher – Ratten – und bezieht sie auf Spitta, einen naturalistischen Propheten der Politik und der

Streitgespräch Hassenreuter – Spitta

Kunst[27]: Spitta sei eine „Ratte! aber diese Ratten fangen auf dem Gebiete der Politik – Rattenplage! – unser herrliches neues geeinigtes Deutsches Reich zu unterminieren an“ (HL 47/U 70) und fressen „die Wurzeln des Baumes des Idealismus“ (HL 47/U 70) ab.

Frau John, „mit unnatürlicher Blässe“ (HL 48/U 70), kommt mit Quaquaro vom Oberboden. Er meint, Obdachlose hätten dort genächtigt. Außerdem hat er in einem schwedischen Reiterstiefel ein Kinderfläschchen, frisch benutzt, gefunden. Die Hauptperson, Frau John, verabschiedet sich für einige Tage; sie will zu ihrer Schwägerin aufs Land (HL 48/U 70). Quaquaro erzählt von Wuchergeschäften der John. Er weiß auch um die Zukunft des Hauses, aus dem mehrere Parteien „rausjeschmissen“ (HL 49/U 72) werden. Nach seinem Abgang beschreibt ihn Hassenreuter als ein willfähriges Subjekt der „Pächter“ der Mietskaserne. – Hassenreuter, der Alice erwartet, schickt seine Schüler und Walburga weg, als es klingelt. Es trifft jedoch Pastor Spitta ein, der sich um seinen Sohn sorgt, den er in Berlin, das er mit Sodom vergleicht, und wegen des Schauspielstudiums moralisch gefährdet sieht. Hassenreuter fühlt sich als „ein Mann von Ehre“ (HL 50/U 75) angegriffen, zumal er vor kurzer Zeit erst den Luther, also einen Kollegen des Pastors Spitta, gespielt habe. Doch sei dieser Beruf für „schwache Charaktere“ (HL 51/U 75) gefährlich. Pastor Spitta, der kein Verständnis für seinen Sohn hat, sieht eine Ursache für dessen Verirrung in der Fehlorientierung der „wissenschaftliche(n) Theologie“ (HL 51/U 76), die Gott und Jesus natürlich und entwicklungsgeschichtlich im Sinne Darwins erklären wollten (D. F. Strauß, Ernest Renan), und in „anderen Verführungen“ (HL 51/U 76) Berlins (Bars, Prostitution, „nackte Schauspie-

Streitgespräch Hassenreuter – Vater Spitta

27 Zeitgenossen bezogen Hassenreuters Ausfall gegen die Rattenplage allein auf die „ewig nörgelnden Naturalisten“ (Julius Bab: *Gerhart Hauptmann und seine besten Bühnenwerke*. Berlin und Leipzig: Franz Schneider Verlag, 1922, S. 159).

lerinnen“, „Nuditäten“ usw.; HL 52/U 77). Pastor Spitta glaubt den „Weltuntergang“ (HL 52/U 77) vor sich. Er sieht seinen Sohn sich im „Schmutz“ eines „Nähmädchen(s)“ oder einer Kellnerin wälzen (HL 53/U 78). Es handelt sich bei dem Bild der Freundin seines Sohnes, das er Hassenreuter zeigt, aber um Walburga. Pastor Spitta verlangt, Hassenreuter solle seinem Sohn den Schauspielunterricht verweigern. Nach dem Abgang des Pastors verbietet Hassenreuter seiner Tochter den Umgang mit Spitta, lenkt aber ab, als sie Alice erwähnt. Spitta, der auf Geheiß Hassenreuters seinem Vater nachgegangen ist, bringt die Piperkarcka und Frau Kielbacke, eine Pflegemutter vom „Landeskindererziehungsheim“ (HL 58/U 85), die einen verwahrlosten Säugling bei sich haben, den sie in der Wohnung der John aufgefunden hatten. Die Piperkarcka glaubt, es sei ihr Kind, tatsächlich ist es aber Knobbes Helfgott Gundofried, den Selma dort untergebracht hat, wie man im nächsten Akt erfährt (HL 67/U 99). Der Polizist Schierke und Sidonie Knobbe stoßen auf der Suche nach dem verschwundenen Kind der Knobbe dazu. Sie erzählt ausführlich aus ihrem Leben: von ihrer adligen Herkunft, ihrem Fehltritt, Paris, ihrer Ehe mit einem „brutalen Menschen“ (HL 60/U 89) und ihrem Kind von einem „blutjunge(n) Leutnant“ (HL 61/U 90). Dieses Kind könnte von der hochadligen Familie des Vaters entführt worden sein, um keine Ansprüche der Knobbe entstehen zu lassen. Während sich die Knobbe und die Piperkarcka um das Kind streiten, stirbt es. Die Besucher verlassen Hassenreuters Fundus.

Vertauschter Säugling

Vierter Akt

In der Wohnung der Johns. John, endgültig aus Altona zurückgekommen, kündigt die Wohnung, erfährt die Vorgänge der letzten Zeit und dass die Polizei Bruno sucht. Spitta möchte Geld leihen, John horcht Selma aus und geht schließlich zu deren Mutter. Walburga ist vor ihrem Vater zu Spitta in Johns Wohnung geflohen. Frau John mit dem Kind kommt zurück und ist „unheimlich“ (HL 73/U 107), John erzählt ihr von den Fragen nach Bruno, der bald danach eintritt und von John mit einem „alten Kommißrevolver“ (HL 77/U 113) bedroht wird. Als John gegangen ist, berichtet Bruno, dass er die Piperkarcka getötet hat, Geld braucht und fliehen will. Er lässt der verzweifelten John ein Hufeisen zurück.

Der Maurerpolier John, gerade aus Altona gekommen, erklärt dem aufdringlichen Quaquaro, seine Frau sei seit acht Tagen mit dem Jungen bei seiner Schwester in Hangelsberg. John kündigt die Wohnung; sie wollen zum 1. Oktober „in 'ne bessre Jejend ziehn“ (HL 64/U 94), er wird Arbeit in Berlin annehmen. Quaquaro erzählt vom Tod des kranken Kindes der Knobbe, das die Piperkarcka aus Johns Wohnung entführt habe. Er erkundigt sich nach Bruno, den man wegen der verschwundenen Piperkarcka suche. John horcht Selma aus, die zugibt, das Kind im Kinderwagen in die John'sche Wohnung geschoben zu haben, die aber lügt, über alles Weitere „jar keene Ahnung“ (HL 67/U 99) zu haben. Er lädt Spitta, der inzwischen gekommen ist, zum Frühstück ein. Spitta, der nach Walburga gefragt hat, versucht, Geld zu leihen, weil er sonst von der Zimmerwirtin gepfändet werde. Als John mit Selma geht, um von deren Mutter mehr zu erfahren, kommt Walburga, die ihren Freund Spitta zu Frau John bestellt hat. Beide erzählen sich, wie sie im Streit mit ihren Vätern auseinandergegangen sind. Walburga hat außerdem eine gerichtliche Vorladung bekommen. – Frau John kommt „sehr gehetzt“ (HL 72/U 106) mit dem Kind. Ihre Reden sind düster und verstört; Walburga, der die John „unheimlich“ (HL 73/U 107) wird, geht mit Spitta. John kommt zurück, kümmert sich um das Kind und erzählt seiner Frau von Quaquaros Fragen nach Bruno. Frau John ist von Ängsten gepeinigt, wirkt abwesend und sorgt sich, ihr Mann würde sie „verlassen“ (HL 74/U 110). Sie schlägt in ihrer Angst vor, John solle mit ihr und dem Kind nach Amerika auswandern. John sieht sich von „Jespenstern“ (HL 76/U 111) umgeben und will wissen, was an der Geschichte „mit det fremde Mächen hier in de Stube wahret is“ (HL 76/U 112). Frau John fühlt sich „zujrunde jerichtet“ (HL 76/U 112). Da erscheint „katzenartig leise“ (HL 76/U 112) Bruno. John droht, ihn zu erschießen, geht aber, nachdem seine Frau sich zu ihrem Bruder bekennt. – Bruno fordert Geld. Er hat inzwischen die Piperkarcka „bißken jefiege“ (HL 78/U 115) gemacht; sie wird nicht wiederkommen. Frau John hatte Bruno gebeten, ihr die Piperkarcka vom Halse zu schaffen, Bruno ist zu weit gegangen und hat das Mädchen getötet. Er will ins Ausland fliehen und lässt seiner Schwester ein Hufeisen zurück: „Det bringt Glick! Ick brauche ihm nich.“ (HL 80/U 118) Die John bleibt „mit entsetzt aufgerissenen Augen“ (HL 80/U 118) zurück: „Ick bin keen Merder!“ (HL 80/U 118)

Fünfter Akt

In der Wohnung der Johns. In der Mietskaserne wird, während Frau John erschöpft schläft, eine Razzia durchgeführt. Frau Hassenreuter findet ihre Tochter wieder, ist mit Spitta einverstanden und weiß, dass Hassenreuter wieder nach Straßburg geht. Frau John, erwachend, hat von ihrem toten Kind geträumt. Hassenreuter bereitet den Umzug vor und wehrt sich gegen eine Pressekampagne, in der auch sein Fundus ins Gerede kommt. Frau John gesteht, will mit dem Kind fliehen, das Kind wird ihr abgenommen, sie stürzt sich aus dem Fenster.

Militärmusik und Gottesdienst weisen wie im vierten Akt auf Sonntag hin. Gegensätzlich zu dieser Stimmung und dem Glücksbringer „Hufeisen“ ist die Situation: In der Mietskaserne wird eine Razzia durchführt. In der Wohnung der Johns schläft die John auf dem

Sofa, als Walburga und Spitta eintreffen. Walburgas Ängste nimmt Spitta nicht ernst: „Du siehst ja Gespenster" (HL 81/U 119). Frau Hassenreuter erscheint und ist glücklich, ihre Tochter gesund zu treffen – hatte die doch in einem Brief gedroht, ins Wasser zu springen –, und stimmt der Verbindung mit Spitta zu. Hassenreuter trifft ein, er ist wieder zum Theaterdirektor in Straßburg ernannt worden und will mit den Vorbereitungen für den Umzug nach Straßburg beginnen. Den jungen Leuten gegenüber verspricht er aufgeschlossen zu sein. – Frau John ist inzwischen nach wirren Träumen von ihrem ersten Sohn erwacht; sie wirkt wie im Wahn („starrt um sich", HL 83/U 123) und wünscht sich den Tod. Hassenreuter möchte von Frau John Aufschluss haben über eine Pressekampagne (HL 85/U 124) und über an ihn gerichtete boshafte Briefe: Auf seinem Dachboden sei „ein neugeborenes Kindchen gefunden worden" (HL 85/U 125). Stückweise kommt die Wahrheit heraus; Piperkarcka Leiche ist gefunden worden, die Razzia ist wegen des unter Mordverdachts stehenden Bruno. John verliert die Fassung und beschreibt einen allgemeinen Verfall: „Allens unterminiert, von Unjeziefer, von Ratten und Mäusen zerfressen!" (HL 88/U 130) Allerdings begreift er die Zusammenhänge noch immer nicht. Als John droht, mit dem Kind zu seiner Schwester zu gehen, schreit ihn seine Frau an, es sei nicht sein Kind. Selma wird von John einer dringlichen Befragung unterzogen und gesteht, das Kind der Piperkarcka vom Boden zu Frau John getragen zu haben und dass die John gar kein Kind habe. Erst jetzt begreift John ganz. Er wendet sich von seiner Frau ab, die ihm ihre Verachtung nachruft: „Du bist nich mein Mann!" (HL 93/U 137) Quaquaro und ein Schutzmann kommen, um das Kind ins Waisenhaus zu bringen. Frau John will mit dem Kind fliehen, es wird ihr aber von Hassenreuter und Spitta aus den Armen gerissen. John und Frau Hassenreuter erkennen, dass die John zutiefst verzweifelt ist und um ihrer selbst

Die Wahrheit enthüllt sich

willen aufgehalten werden muss. John, Selma und Schierke eilen ihr nach, während sich Herr und Frau Hassenreuter sowie Spitta und Walburga um das Kind kümmern. Spitta erinnert an den „Richter in Israel“ (HL 94/U 139), den König Salomo und den Streit zweier Frauen um ein Kind. Hassenreuter will sich „vielleicht ... des Kindchens annehmen“ (HL 95/U 140), weil es in der Pflegestelle der Kielbacke zugrunde ginge (HL 94/U 139). Das „Vielleicht“ ist ernst zu nehmen, zumal Quaquaro abrät. Hassenreuter und Spitta stimmen überein, dass „hier ein wahrhaft tragisches Verhängnis wirksam gewesen ist“ (HL 95/U 140). Die John hat sich unterdessen aus dem Fenster gestürzt[28]: Selma bringt die Nachricht, sie liege „Arme ausjestreckt ... (...) lang uff Jesichte unten“ (HL 95/U 140) auf der Straße, in typischer Sturzlage.

---

28 Auf diese Todesart weist Paul Schlenther: *Gerhart Hauptmann. Leben und Werke.* Berlin: S. Fischer Verlag, 1922, S. 255 hin. In einer früheren Fassung des Stückes heißt es: „Frau John ist oben, drei Stock hoch bei der Brandleiter aus dem Fenster gesprungen."(CA IX, S. 1180) Auch in der Schlussvariante des eingereichten Bühnenmanuskripts sagt Frau Hassenreuter, dass die John keinen anderen Ausweg hatte, „als einen Sprung in das Nichts zu tun" (*Leben und Werk*, S. 176). Bei Peter Sprengel: *Gerhart Hauptmann. Epoche – Werk – Wirkung*, S. 142 und anderen wird vom „Tod unter dem Omnibus" gesprochen, was im Text so nicht steht.

3.3 Aufbau

ZUSAMMEN-FASSUNG

Die Tragikomödie mischt Heiteres und Tragisches: Das Heitere kommt aus der Welt des Komödiantischen, das Tragische aus der sozial beengten Welt der Mietskaserne.
Im Stück überlagern sich zwei Stücktypen: ein aristotelischer und ein naturalistischer. Durch den „Boten aus der Fremde“[29] werden sie miteinander verbunden. Im 3. Akt, der eine besondere Bedeutung bekommt, haben sie ihre intensivste Berührung miteinander.
Bemühungen um die Einheit der Zeit werden unternommen, die Einheit des Ortes ist durch die Mietskaserne gegeben, die gleichzeitig zum Symbol für das Deutsche Reich unter preußischer Führung wird.

Tragikomödie

Welt des Theaters – Komödie

Gerhart Hauptmann bezeichnete mehrere seiner Stücke als Tragikomödien: Neben den *Ratten* gilt das auch für *Der rote Hahn* (UA 1901) und für *Peter Brauer* (UA 1921; zwischen 1908 und 1910 entstanden). Grundsätzlich war Hauptmann der Meinung, es gebe „keine Komödie, die keine Tragikomödie wäre“ (CA VI, 792). – Das Heitere der Tragikomödie kommt in den *Ratten* aus der Welt des Theaters, die sich im Dachgeschoss mit Verwechslung, Liebesabenteuern und Erinnerungen präsentiert und eine abgehobene Scheinwelt zur sozial bedrängten in der Mietskaserne bietet. Die Tragik

---

30 Der Begriff geht zurück auf Erich Herbert Bleich: *Der Bote aus der Fremde als formbedingender Kompositionsfaktor im Drama des deutschen Naturalismus* (Diss. Greifswald 1934) Berlin: Triltsch & Huther, 1936

Realität – Tragödie

kommt aus den sozialen Bedingungen der Realität. Die unterschiedlichen Ausschnitte sind, und das macht die Besonderheit des Tragikomischen in diesem Stück Hauptmanns aus, unterschiedlichen Räumen zugeordnet: dem Dachgeschoss und der zweiten Etage. Aber beide Räumen werden durch die Personen verbunden: Hassenreuters kommen aus dem Dachgeschoss in die zweiten Etage zu Besuch, die John aus der zweiten Etage reinigt das Dachgeschoss. Beide Vorgänge benutzen unterschiedliche Formen, die zu einem spannungsreichen dramaturgischen Bau führen. Zwischen diese unterschiedlichen Handlungen, Orte und Stücktypen ist eine Handlung geschoben, die allein nicht tragfähig wäre, aber als Ausgleichsversuch zwischen den Gegensätzen auf beide Seiten zurück-

DER ARISTOTELISCHE VERLAUF DER LIEBESHANDLUNG SPITTA – WALBURGA

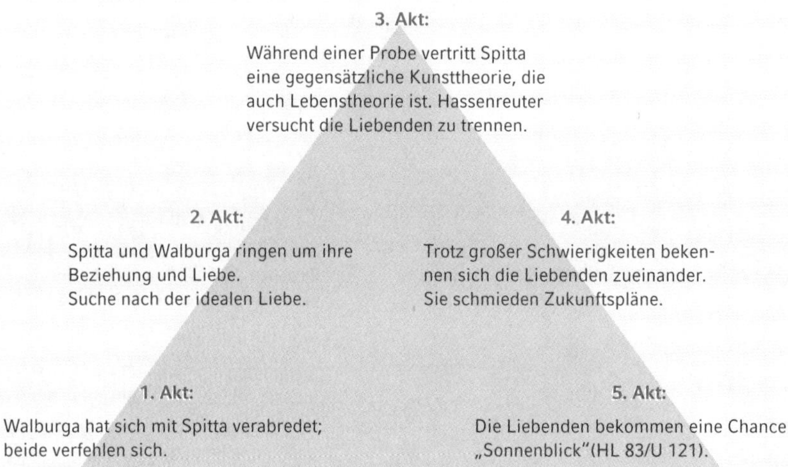

verweist. Es ist die Liebeshandlung zwischen Spitta und Walburga, in der Vertreter aus beiden Lagern sich vereinen – Spitta ist mindestens theoretisch ein Vertreter der Johns – und so eine glückliche Lösung zwischen der alltäglichen Routine der Hassenreuters und der Tragik der Johns ahnen lassen.

Aristotelische und naturalistische Form

Die fünf Akte entsprechen den Regeln der aristotelischen Dramaturgie und den fünf Teilen 1. Exposition (Einführung), 2. Steigerung, 3. Höhepunkt und Umschlag, 4. fallende Handlung und 5. Katastrophe. Die Vorgänge um Hassenreuter lassen sich durch ihre „Zufälligkeit", beim Zusammentreffen der Personen und der Tatsache folgend, dass sich für Hassenreuter keine Entwicklung oder

DER ARISTOTELISCHE VERLAUF DER HENRIETTE-JOHN-HANDLUNG UND DES KINDERTAUSCHES

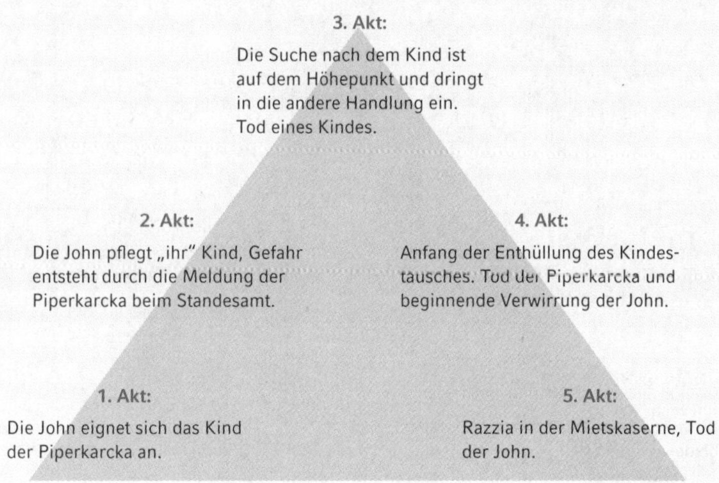

Veränderung vollzieht, als naturalistisches Stationenstück (offenes Drama) beschreiben. Daraus ergibt sich ein reziprokes Verhältnis zwischen Handlungen und Form: Während die klassisch strukturierte und durch Schillers *Die Braut von Messina* begründete komödiantische Handlung Hassenreuters nicht aristotelisch, sondern als Stationenstück abläuft, ist die tragische Gegenwartshandlung, naturalistisch im Inhalt, einem aristotelischen Ablauf aufgelegt. Das naturalistische Stationendrama wird in der Figur Hassenreuters sogar regional nachvollziehbar: Er kommt aus Straßburg (HL 15/ U 22 f.), ist in Berlin (HL 16 ff./U 24 ff.) und kehrt zurück nach Straßburg (HL 82/U 121); sein Wirken ist überall gleich, Veränderungen treten nicht ein.

Das Stationenstück des Direktor Hassenreuter

1. STATION	2. STATION	3. STATION	4. STATION	5. STATION
Hassenreuter ist von Straßburg gekommen. Schauspielunterricht und Kostümverleih.	„Berlin macht heiß" (HL 28/U 41), Hassenreuter drängt auf Unterricht und Probe.	Probe und Unterricht fallen zusammen mit Kindestausch.	Die Spiegelung der Ereignisse des 3. Aktes aus anderer Sicht.	Hassenreuter wird wieder als Direktor nach Straßburg gehen.

Die beiden Stücktypen haben die gleichen Orte zur Verfügung und werden durch den „Boten aus der Fremde", in diesem Fall ist es Pastor Spitta „aus Schwoiz in der Uckermark" (HL 50/U 74), miteinander verbunden. Für Stationenstücke, insbesondere für naturalistische, tritt die Figur in scheinbar „zufällig" aufeinander folgende Wirklichkeitsausschnitte ein, in denen sie nicht zwangsläufig agiert, aber mit denen sie Beziehungen hat. Sie konfrontiert ihre Vorstellungen mit dem Vorgefundenen und löst dadurch dramatische Bewegung aus. Der Ungewohnte/Unerwartete stört das Gleichgewicht, wie es auf dem Dachboden als Unterricht und Probe sich ständig wiederholend abliefe. Durch den Auftritt Pastor Spittas wird das Verhältnis zwischen Erich Spitta und Walburga Hassenreuter bekannt, gestört und in eine Entscheidungssituation getrieben, die sich auf andere Figuren auswirkt.

Typisch naturalistische Merkmale der Tragikomödie sind außer dem „Boten aus der Fremde“:

- → **Regieanmerkungen** werden zu **ausführlichen Prosatexten** (HL 5 f., 11, 13, 23 f./U 7 f., 16, 19, 34 f.). Sogar Personen („man“) gibt es in dieser Prosa, die im Stück nicht vorhanden sind: „Man kann, bei dem ungewissen Licht, im Zweifel sein …“ (HL 5/U 7).
- → **Geräusche** – „das ununterbrochene Rauschen Berlins“ (HL 21/U 31) u. a. – spielen eine große Rolle.
- → Die **Grenzen zwischen den Gattungen** – hier zwischen Drama und Prosa – werden **fließend**.
- → Wie schon in den *Webern* treten an die Stelle eines einzelnen Helden die Mieter und Besucher der Kaserne als **Gemeinschaftsheld**, der in zwei Gruppen agiert: Hassenreuter, seine Familie und seine Schüler; die Familie John und Bewohner der Mietskaserne. Zwischen beiden Gruppen bewegen sich die Spittas, von denen Erich Spitta zur Gruppe Hassenreuters gehört, aber die Prinzipien der Johns vertritt.

Einheit des Ortes und der Zeit

Um möglichst die Einheit der Zeit einzuhalten, nach der Struktur eine der Dreieinheiten und für die Handlung ursprünglich 24 Stunden – einen Sonnenumlauf – dauernd, und Parallelität der Handlungen und Stücktypen zu erreichen, wird die Gleichzeitigkeit unterschiedlicher Vorgänge ausgewiesen. Sowohl Bruno als auch

Alice Rütterbusch treffen den Kaiser (HL 7, 18/U 11, 26); in der Gleichzeitigkeit werden Unterschiede deutlich. Bruno folgte der Wachparade, Alice flanierte mit einem Fürsten. Extreme der sozialen Stellung werden so punktuell im gleichen Erlebnis zusammengezogen. Das Stück setzt am 25. Mai 1886 (Geburt des Kindes, vgl. HL 25/U 37) ein und handelt eine Woche, vom Sonntag (HL 5/U 8) zum Sonntag (HL 64/U 94). Dass Frau John von drei Wochen spricht (HL 89/U 131), ist eine Schutzbehauptung. Die Wiederholung des Sonntags weist auf die Bemühung um die Einheit der Zeit hin, unterstützt durch die Parallelität der Handlungen. – Die Einheit des Ortes ist durch die Mietskaserne (Ort der Handlung) garantiert, die gleichzeitig zum Symbol für das Deutsche Reich unter Preußens Führung wird. Alles ist preußisch: John arbeitet im damals preußischen Altona, nicht in der Freien Stadt Hamburg; Hassenreuter kommt aus und geht nach Straßburg, einem seit 1871 nach dem Muster einer preußischen Provinz geschaffenen Reichsland. Politische Namen stammen aus der preußischen Geschichte.

Wesentliche Ereignisse vollziehen sich hinter und außerhalb der Bühne und werden nicht über Botenberichte eingebracht, wie es im Drama üblich ist. Andeutungen müssen oft genügen. Das betrifft die Geburt des Kindes auf dem Dachboden, den Mord an der Piperkarcka und den Selbstmord der John. Aber auch kleinere Handlungen ereignen sich außerhalb des Bühnengeschehens: die Liebesszenen zwischen Spitta und Walburga, die erotischen Begegnungen zwischen Hassenreuter und der Rüttersbusch usw.

Die Bedeutung des 3. Akts

Im 3. Akt werden die unterschiedlichen Stücktypen miteinander verschränkt, um sie danach wieder zu lösen: Hier wird Theater im Theater gespielt; dabei geht es um mehr als um die Verwendung von Schiller-Zitaten.[31] Die beiden personalen und räumlichen Ebenen werden als textliche und sprachliche Konfrontation umgesetzt. Darin wird detailliert beschriebene und zeitlich genau zu fixierende Wirklichkeit mit künstlerischer Überhöhung kontrastiert. Das wird zu Beginn des 3. Aktes besonders auffallend: Er spielt im verstaubten und mit Ablagen vollgestellten Dachgeschoss. Schillers Ortsangabe lautet: „Die Scene ist eine geräumige Säulenhalle, auf beiden Seiten sind Eingänge, eine große Flügeltüre in der Tiefe führt zu einer Kapelle."[32] Dort sprechen „mit gewaltiger Pathetik" Hassenreuters Schüler Verse aus Friedrich Schillers *Die Braut von Messina*, sie sprechen von einer „prangende(n) Halle", der „Herrscher fürstliche(n) Wiege", dem „säulengetragene(n) herrliche(n) Dach" (HL 42/U 62). Ein heroisch-herrschaftliches Spiel findet in der abgewirtschafteten, verkommenen Wirklichkeit der Mietskaserne statt.

Zwei unterschiedliche ästhetische Positionen

Der Gegensatz von klassischer und naturalistischer Kunst wird in einer Gegenüberstellung deutlich, die Hauptmann intuitiv „unterlaufen" sein kann, also nicht konstruiert wurde. Durch Verweise und Gestalten sind zwei unterschiedliche ästhetische Positionen zu erkennen:

NATURALISTISCH	KLASSISCH
Gerhart Hauptmann *Die Ratten*	Schiller *Die Braut von Messina* (HL 42 ff./U 62 ff.) Aristoteles *Poetik* (HL 47/U 69)
Lessing *Hamburgische Dramaturgie* (HL 46/U 68)	Shakespeare *Hamlet* („Gründlinge", HL 46/U 67)

---

31 Vgl. Uwe Vormweg: *Die verstoßene Tochter. Zum Schiller-Zitat in Gerhart Hauptmanns ‚Die Ratten'.* In: Literatur und Leben. Festschrift für Helmut Scheuer, hrsg. von Günter Helmes u. a. Tübingen: Gunter Narr Verlag, 2002, S. 161–172

32 Friedrich Schiller: *Die Braut von Messina*. In: Schillers Werke. Nationalausgabe. 10. Band, hrsg. von Siegfried Seidel. Weimar: Hermann Böhlaus Nachfolger, 1980, S. 21

NATURALISTISCH	KLASSISCH
Diderot *Das Theater des Herrn Diderot* (HL 46/U 68)	Shakespeare *Macbeth* (HL 46/U 68)
Georg Büchner *Woyzeck* („Barbier", HL 46/U 68)	Shakespeare *König Lear* (HL 46/U 68)
Dostojewski *Schuld und Sühne* (HL 46/U 67)	Kant *Kritik der praktischen Vernunft* („die sittliche Weltordnung", HL 46/U 68)
Ibsen *Gespenster* (HL 12, 47/U 17, 70 u. ö.)	Goethe *Götz von Berlichingen* (HL 46/U 68)
Hans Herrig *Luther* (HL 50/U 75)	Schiller *Die Räuber* (HL 5/U 7 f., „den jungen Schiller", HL 46/U 68)
Julius Hart *Der Sumpf* (HL 61/U 91)	Schiller *Die Jungfrau von Orleans* („Höhen der Menschheit", HL 46/U 68), *Wallenstein* („Pappenheimsche Kürassiere", HL 5/U 7 u. ö.)
Bleibtreu *Größenwahn* (HL 45/U 67)	Freytag *Journalisten* (HL 49/U 73), *Technik des Dramas* („mit Schiller und Gustav Freytag ... im Gegensatz", HL 46/U 68)
Nietzsche *Der Wille zur Macht* („Wille zum Blödsinn", HL 45/U 67)	Kleist *Prinz von Homburg* („In den Staub ...", HL 47/U 70)

Gegensätze haben Bestand

Gegensätze gehören zu Hauptmanns Denken, aber auch, dass sie nicht aufgehoben werden, sondern Bestand haben. Die schlichteste, aber einprägsame Formulierung fanden sie im „Nu jaja! – Nu nee nee!" (*Die Weber*). In den *Ratten* findet Ähnliches statt: Die Pappenheimer sind in Schillers *Wallensteins Tod* der Tragödie angemessen ehrbewusst, heldenhaft und todesmutig. Der mit ihnen verbundene Ausspruch „Daran erkenn' ich meine Pappenheimer" hat in der umgangssprachlichen Verwendung eine heitere, teils auch abwertende Bedeutung bekommen, die Hauptmann in den *Ratten* benutzte. Deshalb sagt Pastor Spitta auch mit Blick auf Hassenreuters Pappenheimer: „... ich stellte mir Schiller ganz anders vor!" (HL 50/U 74). Aus dem tragischen Satz – die Pappenheimer stürzten sich schließlich kämpfend in den Tod – wurde das heitere Bonmot (HL 5, 50/U 8, 74). Die Gorgo oder Medusa dagegen war eine fürchterliche mythische Gestalt; sie hatte in Schillers Trauerspiel *Braut von Messina* ihren angemessenen Platz und erscheint dort auch (HL 45/U 66). Aber Medusa (CA IX, 1173) und Gorgo[33] wurden, mindestens in Fassungen vor der Endfassung der *Ratten*, auf Frau John übertragen, die aufgrund ihrer sozialen Stellung in die Komödie gehört und keinen mythischen Vergleich trägt. Nun aber wird er möglich. Auch hier erfolgte eine Umwertung: Pappenheimer und Medusa haben ihre ursprünglichen Zuordnungen verändert.

---

33 „... wir haben das Haupt der Gorgo gesehen! Wer hätte der John so etwas zugetraut." (sagt Hassenreuter zu Spitta, vgl: *Gerhart Hauptmann. Leben und Werk*, Ausstellungskatalog, S. 176)

3.4 Personenkonstellation und Charakteristiken

ZUSAMMEN-FASSUNG

Es gibt handelnde Personen des Stückes; es gibt Personen, die nur genannt werden, die aber wichtig sind und auf die man sich beruft usw. Beide Gruppen bilden das soziale Profil des Mietshauses, das gleichzeitig das Bevölkerungsspektrum der Reichshauptstadt Berlin und des Deutschen Reiches abbildet.

Henriette (Jette) John,
über Mitte 30, Proletarierin, mütterlich bis zum Verbrechen, nimmt sich das Leben;

Paul John,
40, Maurerpolier, arbeitete bisher auswärts, Sozialdemokrat, versteht die Vorgänge um seine Frau nicht;

Pauline Piperkarcka aus Skorzenin,
etwa 19, polnisches Dienstmädchen, schwanger, verführbar, suizidgefährdet, wird ermordet;

Bruno Mechelke, 19, Bruder der Henriette John, asozial, wird zum Mörder;

Harro Hassenreuter, 50, Bismarck-Verehrer, sein selbstbewusstes Auftreten ist die Maske eines Schmierenkomödianten;

Walburga Hassenreuter,
unter 16; hübsch, noch ängstlich, aber schon selbstbewusst, Typ der Kindfrau;

Erich Spitta,
21, Student der Theologie, gibt Walburga Privatunterricht, will Schauspieler werden, bricht aus seinen Traditionen aus, Denken und Verhaltensweisen des jungen Gerhart Hauptmann;

Pastor Spitta,
60, Landpfarrer, unchristliches Verhalten gegenüber der Tochter, reaktionär.

SOZIALPYRAMIDE DER IM STÜCK AGIERENDEN ODER GENANNTEN PERSONEN

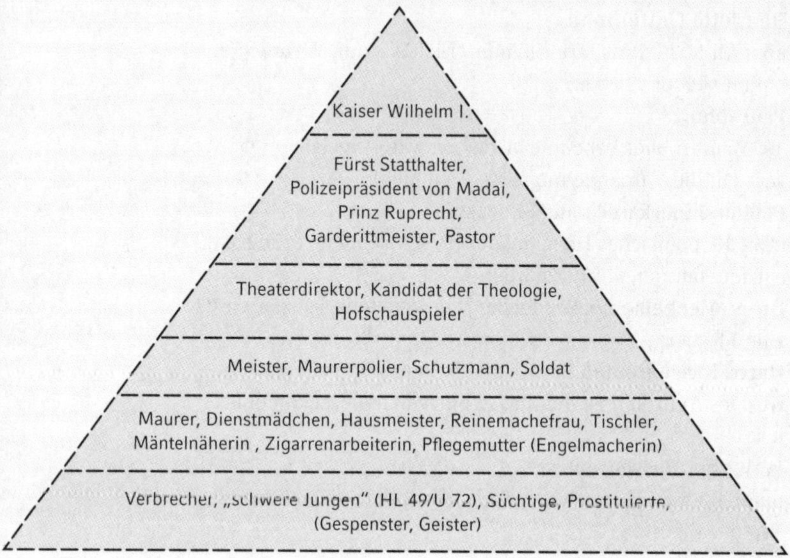

Die Personen stellen einen gesellschaftlichen Querschnitt im vorwilhelminischen Preußen dar, der vom Verbrecher („schwere Jungen“ die sich als „Gesangverein“ ausgeben, HL 49/U 72), über das Lumpenproletariat (Bruno) und das Proletariat mit dem Drang zum

Kleinbürgerlichen (die Johns), die bürgerliche (die Familie Hassenreuter) und reaktionäre ländliche (Spitta) Intelligenz bis zur gescheiterten, verarmten und asozial gewordenen Aristokratie (Knobbe) reicht. Der Zerfalls- und Vernichtungsprozess, der diese Familien betrifft, korrespondiert mit der verbreiteten Endzeitstimmung der Vorkriegszeit vor 1914 und der daraus entstehenden expressionistischen Dichtung um 1910, entspricht also nur bedingt der Handlungszeit von 1886.

Henriette John,

„Proletarierin"

genannt Jette, ist eine Proletarierin über die „Mitte der Dreißig" (HL 6/U 8); eine andere Rechnung lässt sie 31 Jahre sein (sie ist 12 Jahre älter als Bruno [HL 29/U 43], der wiederum etwa 19 [HL 7/U 10] ist). Sie stammt aus Rüdersdorf, östlich von Berlin; ihre Eltern sind aus Brückenberg in Schlesien zugewandert. Nach dem Tod der Eltern hat sie ihren wesentlich jüngeren Bruder großgezogen; nach wie vor sorgt sie sich verantwortungsbewusst um die Gräber ihrer Eltern. Ihre Wohnung in der Mietskaserne ist im Gegensatz zu dem Dachboden gepflegt und sauber. Ihr Wunsch nach einem Kind und Mutterschaft hat soziale und psychologische Gründe: Ein Kind ist für sie Teil der Sehnsucht nach einem individuell erfüllten Leben und Voraussetzung für eine dauerhaft stabile Familie; dabei blickt sie in Richtung Kleinbürgertum. In dem Wunsch liegen tragische Konstellationen: Sozial gesehen ist die Familie John proletarisch und kann allenfalls kleinbürgerliches Verhalten, aber keine entsprechenden Besitzverhältnisse erreichen; biologisch gesehen ist Frau John im Mutteralter, kann aber, wie es scheint, keine eigenen Kinder mehr bekommen. Ihr erstes Kind Albert ist vor drei Jahren im Alter von nur acht Tagen an der Bräune (Diphtherie) gestorben (HL 7, 27/U 10, 40). Sie verschärft die tragische Konstellation, indem sie zur Erreichung ihrer Ziele – Kind

Starker Wunsch nach Mutterschaft

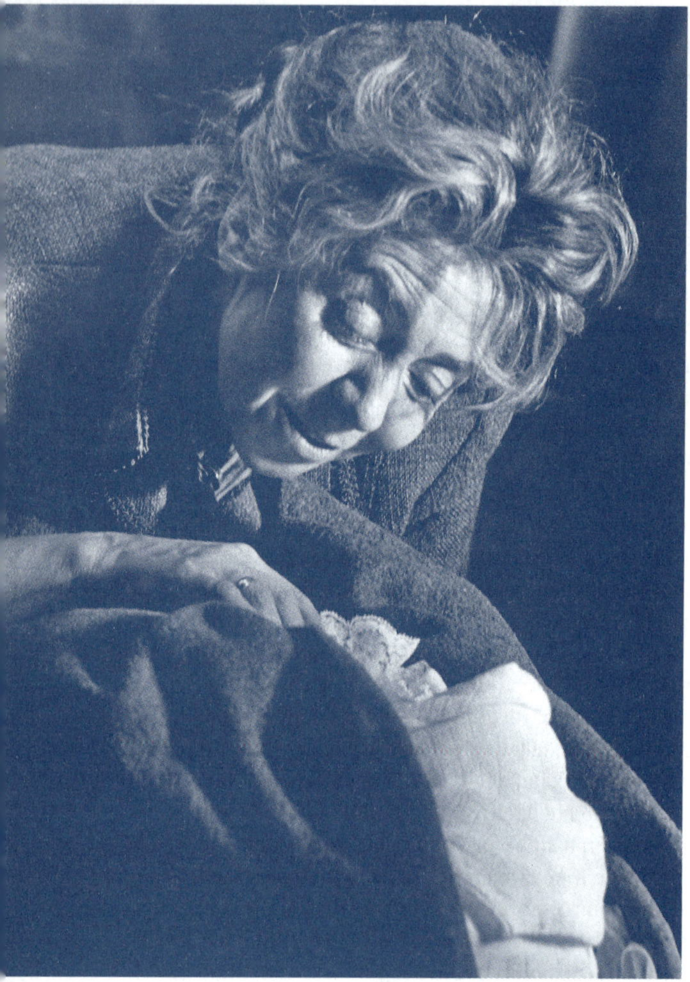

Inge Meysel als Jette John in der Inszenierung *Die Ratten*, Thalia Theater Hamburg – Februar 1965

und damit kleinbürgerliche Reputation – kriminelle Methoden einsetzt, mit Betrug zu diesem Leben gelangen will, nachdem sie sich auch als wuchernde Pfandleiherin betätigt (HL 48/U 72). Natürliche Menschlichkeit und Mutterschaft soll mit kriminellen Methoden – sie verfügt als Pfandleiherin über kriminelle Energie (HL 11/U 16) – befördert werden. Während sich die John in einer Ordnung bewegt, die „die Ungerechtigkeit der bestehenden Ordnung mit den formalen Mitteln des Rechts verteidigt, stellt sie die Welt richtig mit den formalen Mitteln des Betrugs“[34]. Ein Mord ist die Konsequenz ihres Verhaltens. So läuft ihr Schicksal mit unerbittlicher Konsequenz und ohne Korrekturmöglichkeit in den gesellschaftlichen Vorgaben ab. Als sie zu Beginn des Stückes ihrer Mütterlichkeit gerecht werden und ihrer Ehe Erfüllung geben will, indem sie ein uneheliches Kind abzukaufen und zu unterschlagen versucht, setzt sie einen Mechanismus in Gang, der erst mit ihrem Tod zum Stillstand kommt.

Mord als Konsequenz

Paul John

ist 40 Jahre, Maurerpolier (HL 24/U 35), also Vorarbeiter, in Altona (preußischer Regierungsbezirk Schleswig). Er kommt selten nach Hause. – Im Krieg (1870/71) wurde er mit dem Eisernen Kreuz ausgezeichnet, heimgekehrt hat er 1872 Henriette geheiratet. Er zweifelt nicht, dass seine Frau das Kind geboren hat. Deshalb kündigt er in Altona, will an den Fundamenten des Reichstags mitarbeiten und mit seiner Familie in eine bessere Wohnung umziehen. Früher hat er sich, wie viele junge Arbeiter, mit dem Gedanken getragen, nach Amerika auszuwandern. Seine Einstellung ist sozialdemokratisch, nachdem er 1872 königstreu war. Hätte er damals einen künftigen Sohn für König und Vaterland in den Krieg geschickt (HL 75/U 111),

Arbeiter und Sozialdemokrat

---

34 Kaiser, S. 366

so ist er heute nicht mehr „wilde druff", seinen Sohn als „Kanonenfutter in Krieg" (HL 75/U 111) zu verheizen. Er spricht von seinen Maurern als „Jenossen" (HL 29/U 44), was in der Zeit des Sozialistengesetzes (1878–1890) mutig ist. Von Spitta wird er auf die Sozialdemokraten Bebel und Liebknecht angesprochen (HL 68/U 101).[35] Den Problemen seiner Frau steht er verständnislos gegenüber; sie haben ihn nie wirklich interessiert.

Pauline Piperkarcka

Dienstmädchen, Polin, ledige Mutter

aus Skorzenin (HL 58/U 86) ist ein „blutjunge(s)" (HL 6/U 8) polnisches stellungsloses Dienstmädchen, das von einem Instrumentenmacher (HL 7/U 10), der auf Arbeitsuche in die Stadt gekommen ist, verführt wurde. Er heiratet schließlich eine „Karussellbesitzerswitwe" (HL 94/U 139) und will von dem Kind nichts wissen. In ihrer Verzweiflung äußert sie, sich in den Landwehrkanal stürzen zu wollen (HL 7, 38/U 10, 57) oder das Kind umzubringen (HL 38/U 57). Sie steht auf einer der sozial untersten Stufe als Dienstmädchen, genießt als Polin keine Anerkennung und gerät als ledige Mutter in Verruf. Es ist Hauptmanns Leistung, daraus weder eine verworfene Frau noch ein sentimentales Mitleid auslösendes Wesen geschaffen zu haben. Sie ist vielmehr ein Mensch, der seine Widersprüche lebt und sie auszuhalten versucht: Sie kämpft um ihren Liebhaber und ist bereit, das Kind aufzugeben; aber sie ist auch so viel Mutter, dass sie dieses Kind schützen möchte, vor allem dann, wenn sie es „zujrunde jerichtet" (HL 56/U 83) glaubt. Und mit dem Kind kann sie vielleicht auch den Mann gewinnen. Das dringend benötigte Geld, das sie von Frau John für das Kind erhalten hat, bringt sie ihr wieder: „Et hat mir jebrannt. Et war mich wie Schlange unter Kopfkissen ..."

---

35 Gerhard Kaiser behauptet, John hielte sich „bewusst der Sozialdemokratie" fern (Kaiser, S. 370); dafür gibt es keinen Hinweis.

(HL 37/U 55). Als sie auf Bruno trifft, lässt sie sich problemlos verführen („in die Schublade is et ja nu ooch lustig zujejang“, HL 78/U 116) und zieht tagelang mit ihm umher (HL 78/U 115 f.). – Verbreitet, sogar in der Verlagsankündigung des Stückes, ist zu lesen, Piperkarcka wohne in der Mietskaserne. Dafür findet sich kein Beleg, auch wenn ihre Situation unübersichtlich ist: Pauline lebt – wahrscheinlich tageweise – bei einer Wirtin (HL 6, 8/U 9, 12) und wird nun obdachlos – „Mietsfrau steeßt mir fort“ (HL 9/U 13) –, auch die „Schlafbodenstelle“ (HL 9/U 13) wurde ihr gekündigt. Am Alexanderplatz (HL 6, 38/U 9, 56) hat die John sie nach langer Beobachtung aufgrund ihres Zustandes angesprochen, denn die John war auf der Suche nach einer verzweifelten Hochschwangeren. Sie nahm sie mit in die Mietskaserne, damit Pauline ihr Kind heimlich auf dem Dachboden zur Welt bringen kann.

Bruno Mechelke

ist etwa neunzehn Jahre (HL 7/U 10). Er wirkt animalisch: Die Haltung ähnelt einem Affen („Große plumpe Hände hängen an langen, muskulösen Armen“, HL 7/U 10), sein Blick dem der Ratten („schwarz, klein und stechend“, HL 7/U 10); er bewegt sich „katzenartig“ (HL 76/U 112). Geld verdient er durch Hilfsarbeiten, lebt aber meist von seiner Schwester. Bruno kennt sich in der Gaunersprache aus und steht unter polizeilicher Aufsicht (HL 29, U 43). Die Gestalt wurde erst relativ spät – in die 4. Fassung ab August 1909 – in das Stück eingeführt: Bruno, der Pauline im Auftrag seiner Schwester einschüchtern sollte (HL 79 f./U 117), bringt sie, als sie Widerstand leistet, um.

Hilfsarbeiter, Gauner, Schmarotzer

Harro Hassenreuter,

50, ist in seinem Denken „deutschnational“ (HL 28/U 42) und Bismarckverehrer. Er ist durch das juristische Refendarexamen gefal-

Deutschnationaler Bismarckverehrer

len und danach zur Kunst gekommen. Um gebildet zu erscheinen, verwendet er Fremdwörter und lateinische Spruchweisheiten. Einerseits ist er bankrott und erscheint deklassiert, andererseits hat er gute Beziehungen zum Hochadel (Prinz Ruprecht, HL 18/U 27) und wird als Theaterdirektor nach Straßburg zurückkehren. – Hauptmanns Vorbild für Hassenreuter war der Schauspieler und Theaterdirektor Alexander Heßler. Heßler wurde 1833 in Torgau geboren und hatte als Schauspieler in Leipzig begonnen. In einer früheren Fassung ließ Hauptmann Hassenreuter mit siebzehn Jahren aus dem Internatsgymnasium Schulpforta ausbrechen, „um in einer kleinen Schmiere in Korbetha" (CA IX, 1191) als Schauspieler aufzutreten. Heßler besuchte das Conservatoire Dramatique in Paris, war in Baden und Straßburg Schauspieler, in Metz und Colmar Theaterdirektor, leitete von 1872 bis 1881 das Theater in Straßburg, dann das Residenztheater in Hannover, ein Theater in Bremen und schließlich – erfolglos – das Königstädtische Theater am Alexanderplatz in Berlin. Heßlers Frau – der Theaterdirektor war bereits 1900 gestorben und Hauptmann sandte ein herzlich gehaltenes Telegramm – nahm an der Premiere der *Ratten* teil.[36]

ironisch gebrochen

Hauptmann hat Heßler in höchsten Tönen gelobt[37], während Hassenreuter die Züge eines Schmierenkomödianten bekommt und ironisch gebrochen wird. Wenn Hassenreuter soziale Erkenntnisse ausspricht, so die Erfahrung mit den „Verfallssymptom(en) unserer Zeit" (HL 28/U 42), sind sie zwar zutreffend, aber aus seiner Sicht belanglos: Hassenreuter sieht als Verfallssymptom, dass Mütter ihre Kinder nicht mehr selbst ernähren können, ohne nach den Ursachen zu fragen.

---

36 Vgl. Hugo Fetting (Hrsg.): *Von der Freien Bühne zum Politischen Theater*. Drama und Theater im Spiegel der Kritik. Leipzig: Reclam, 1987 (Universal-Bibliothek Nr. 1140), Bd. 1, S. 409

37 Vgl. Bellmann, S. 10

Am Ende des Stücks gibt sich Hassenreuter väterlich versöhnlich gegenüber seiner Tochter und Spitta und zeigt christlicheres Verhalten als der Pastor Spitta: „Und dass ihr beide nicht etwa aus sogenannter Verzweiflung irreparable Dummheiten macht" (HL 84/U 124).

Therese Hassenreuter

ist Hassenreuters Ehefrau, „eine kolossale, asthmatische Dame, älter als fünfzig" (HL 26/U 39). Sie ist verantwortlich für den Sinneswandel ihres Mannes in Bezug auf Walburga und Spitta (HL 82/U 121) und verhält sich mütterlich gegenüber ihrer Tochter, als diese mit Selbstmord droht: „Hast du Seelennöte, so weißt du auch, dass du mich immer noch mit Rat und Tat dir zur Seite hast. Ich bin kein Unmensch und auch früher mal jung gewesen." (HL 82/U 120) Sie steht mit ihrem fürsorglichen Verhalten im kompletten Gegensatz zu Sidonie Knobbe. Am Ende erkennt sie als Erste, dass Jette John vollkommen verzweifelt und selbstmordgefährdet ist (HL 94/U 138).

Alice Rütterbusch

Schauspielerin und Geliebte Hassenreuters

ist eine junge Schauspielerin und die Geliebte Hassenreuters. Sie ist nach Berlin ans Hoftheater engagiert worden, fühlt sich aber dort nicht wohl. In ihr dürfte sich einmal mehr die Erinnerung an Ida Orloff niedergeschlagen haben und an die Begegnungen des Dichters mit ihr im Deutschen Theater. In dieser Konstellation ließe sich auch ein Vorbild für Nathanael Jettel erkennen; es wäre Rudolf Rittner. Damit könnte man der Beziehung Hassenreuter – Rütterbusch eine ironisch distanzierte Behandlung der Beziehung Hauptmann – Orloff unterlegen.

Walburga Hassenreuter

Kindfrau

ist des Theaterdirektors noch nicht sechzehnjährige Tochter, „hübsch und unschuldig“ (HL 11/U 16). Sie entspricht den von Hauptmann geliebten Kindfrauen, die ihn in Wirklichkeit (Ida Orloff) und Kunst (z. B. Pippa aus *Und Pippa tanzt!*, Mignon) begeisterten. Dass sie mit dem Studenten Spitta eine Beziehung eingeht und sich mit ihm heimlich zu treffen versucht, spricht für ihre Entschlossenheit wie auch der Versuch, sich von dem Vater, dessen Liebesverhältnis sie missbilligt, zu emanzipieren, und ihre Bereitschaft, zu Spitta zu stehen („zum Letzten bereit“, HL 70/U 102). Andererseits hat sie die Gefahren und die animalische Seite des Lebens noch nicht kennengelernt, weiß aber nach der Begegnung mit ihnen sehr gut damit umzugehen und erzwingt, indem sie ihrem Vater zeigt, dass sie um seine Geliebte weiß, Freiraum (HL 54/U 81).

Erich Spitta

Trägt Züge des jungen Gerhart Hauptmann

trägt Züge des jungen Hauptmann und vertritt dessen naturalistisch ästhetische Anschauung aus der Zeit nach 1885, „dass unter Umständen ein Barbier oder eine Reinmachefrau aus der Mulackstraße ebensogut ein Objekt der Tragödie sein könnte als Lady Macbeth und König Lear“ (HL 46/U 68). In einem Gespräch über Goethes Schauspieler-Regeln verwies Hauptmann auf Spitta, der Goethes Regeln als „senile Schauspielerregeln“ (HL 47/U 69) bezeichnet, und erklärte: „Wie ich zu Goethes Schauspieler-Regeln stehe, kann man aus meinen *Ratten* entnehmen.“[38] Spitta benutzt zudem, von Hassenreuter ironisiert, ein „Notizbuch“ (HL 47/U 69), das typische Arbeitsinstrument naturalistischer Schriftsteller („Notizbuchmethode“).

---

38 C. F. W. Behl: *Zwiesprache mit Gerhart Hauptmann. Tagebuchblätter*. München: Verlag Kurt Desch, 1948, S. 119

Spittas Lektüreempfehlungen sind naturalistisch orientiert: Walburga empfiehlt er Turgenjews *Väter und Söhne*. In einer von ihm geplanten Zeitschrift sollen in jedem Heft „entweder ein Salon-Dramatiker, ein Schiller-Epigone oder ein Butzenscheiben-Lyriker totgemacht" (CA IX, 1158) werden. Das klingt nach naturalistischen Programmschriften wie den *Kritischen Waffengängen* (1882–1884) der Gebrüder Hart. Die Berufung auf den Sturm und Drang und Lessing weist Spitta als entschiedenen Naturalisten aus (HL 46/U 68). Seine Utopien sind unscharf, tragen aber die Elemente der Französischen Revolution in sich und erinnern bis in die Semantik („Der Boden lockert sich schon! Wir sind, wenn auch noch unterirdisch, die künftige Ernte!") an Zolas naturalistischen Roman *Germinal* (HL 70 f./U 104).

Naturalist

Spitta und Walburga haben im Unterschied zur Generation der Väter einen „Sinn fürs Soziale" (Paralipomenon, CA IX, 1157). Den versucht Spitta, obwohl von Hassenreuter deshalb belächelt, umzusetzen und tätig in die Wirklichkeit einzugreifen: Er hilft der gestürzten Knobbe und verhält sich dabei, im Gegensatz zu allen anderen, hilfsbereit. Seine These, dass alle Menschen vor der Kunst gleich seien, wird durch das tragische Schicksal der John bestätigt. Sein größter Sieg aber ist, dass Hassenreuter, der seinen Ansichten und besonders der, dass Tragik auch bei einer Reinemachefrau zu finden sei, entschieden widersprochen hatte (HL 46/U 68), am Ende behauptet, diese Ansichten stammten von ihm: „Die Tragik ist nicht an Stände gebunden. Ich habe Ihnen das stets gesagt." (HL 95/U 140)

Idealistisch und hilfsbereit

Pastor Spitta,
Erichs Vater, „ein etwas verbauerter kleiner Landpfarrer" mit einem „etwas zusammengequetschte(n), breite(n) Luthergesicht" (HL 49/U 73), wurde im letzten Abschnitt der Entstehung, seit Ju-

Reaktionär und unchristlich

ni 1910, in das Stück eingeführt. In einem Fragment bezeichnete ihn sein Sohn als „alte(n) Achtundvierziger" (CA IX, 1157), also als einen Teilnehmer an der bürgerlichen Revolution von 1848, der aber nun Bismarck-Verehrer geworden sei. Er ist nicht ungebildet, kennt Schillers *Wallenstein* und interessiert sich für Waffen („... ich war im Zeughaus", HL 50/U 74). Aber er ist hart und unerbittlich gegen seine Kinder, rückständig und reaktionär, und verhielt sich pharisäerhaft unchristlich gegen seine Tochter (HL 35/U 52), die er damit in den Tod getrieben hat. Allem Modernen gegenüber ist er feindlich gesonnen; damit bestätigt er Hauptmanns Vorstellung vom Geistlichen. „Boshaft hat Hauptmann dieser Figur den Namen eines bekannten lutherischen Theologen und Kirchenlieddichters gegeben, dessen Sammlung *Psalter und Harfe* zur Zierde des bürgerlichen christlichen Heims im 19. Jahrhundert gehörte."[39]

„Bote aus der Fremde"

Dramaturgisch gesehen ist er ein „Bote aus der Fremde".

Sidonie Knobbe

Rauschgiftsüchtige Trinkerin

stammt, wie sie behauptet, aus adligem Hause, wuchs angeblich mit Kindermädchen und englischer Erzieherin auf, wurde aber wegen eines Fehltritts, vermutlich einer nicht standesgemäßen Liebesbeziehung, von ihrem „adelsstolze(n)" (HL 60/U 90) Vater verstoßen. Sie wurde Schauspielerin, lebte in Paris, dann in Berlin und führt ein leichtfertiges Leben, trinkt, ist rauschgiftsüchtig, vernachlässigt ihre Kinder Selma und den Säugling Helfgott Gundofried extrem, treibt sich auf den Straßen und in Lokalen herum, ist mehrfach vorbestraft und kennt keine Scham mehr (HL 60 f./U 90). „Mädel mit zwölf" (HL 33/U 49) schickt sie zur Prostitution. Reste ihrer Herkunft sind in ihrer Erscheinung, in Sprache und Umgangsformen erkennbar, Spitta bezeichnet sie als „gutgekleidete Dame" (HL 32/U 47),

Kontrastfigur zur John

---

39 Kaiser, S. 376. – Gemeint ist Carl Johann Philipp Spitta (1801–1859).

tatsächlich erscheint sie „mit stark ramponierter modischer Sommertoilette“ (HL 59/U 88). Hassenreuter dagegen rechnet sie zu „jener internationalen guten Gesellschaft ..., die man je nachdem nur reglementiert oder auch kaserniert“ (HL 32/U 48), womit er die Prostituierten meint. Die John hasst Knobbes asozialen Lebenswandel, nicht zuletzt auch wegen der Kinder, die ihr verwehrt sind, und wünscht ihr „Stockhiebe, det det Blut man so spritzt“ (HL 33/U 48). Die Knobbe ist als Mutter, die nicht mütterlich ist, die Kontrastfigur zur John, der Mütterlichen, die nicht (mehr) Mutter werden kann.

Elisabeth Flickenschildt als Sidonie Knobbe in der Verfilmung *Die Ratten* von 1959
© ullstein bild – Rosemarie Clause

Selma Knobbe

ist die minderjährige Tochter Sidonies und durch diesen Umgang verschlagen und hinterhältig geworden. Sie muss die Versorgung ihres Bruders Helfgott Gundofried, eines Säuglings, übernehmen, mit der sie überfordert ist. Der Säugling stammt aus einem Verhältnis der Knobbe mit einem jungen Adligen aus ältestem Geschlecht (HL 61/U 90).Von der John, die sich um Selma kümmert, wird sie während des Kindestauschs benutzt. Danach aber darf sie mit dem verkümmernden Säugling der Knobbe nicht mehr zu den Johns, um deren Kind nicht anzustecken. Bei der Aufdeckung des Kindestauschs spielt sie die entscheidende Rolle.

Wird überfordert und benutzt

3.4 Personenkonstellation und Charakteristiken

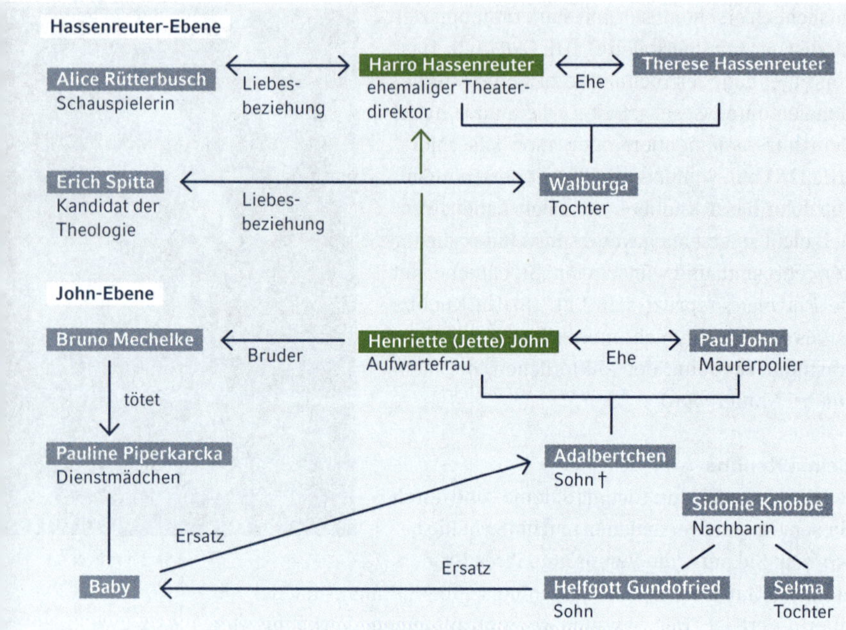

3.5 Sachliche und sprachliche Erläuterungen

Dialektale und altertümliche Worte können in Anbetracht des vorgesehenen Umfangs nicht erläutert werden. In einschlägigen Verzeichnissen (Duden, Fremdwörterbücher u. a.) sind Begriffe wie „Scharteken" (HL 5/U 8, alte oder wertlose Bücher), „pomadig" (HL 10/U 15, träge, blasiert), „Repertoire" (HL 18/U 27, Spielplan), „Priem" (HL 24/U 35 f.; ein Stück Kautabak) usw. mühelos nachzuschlagen.

HL 3/ U 5	**Ratten**	Während eingangs wirkliche Ratten gemeint sind, gegen die man Fallen aufstellen kann (HL 7/U 11), entsteht daraus die dominierende Metapher für eine unaufhaltsame Vernichtung, für eine dem Untergang verfallene Gesellschaft. – Den Titel nur auf das Tier „Ratte" zu beziehen, „wäre grenzenlos töricht. Denn die Existenz dieser Tiere bekommt eine stellvertretende Bedeutung für den unterirdischen Zerstörungsprozess überhaupt"[40]. Das Symbol „Ratte" vermittelt dramaturgisch: Alle werden mit Ratten konfrontiert, begegnen ihnen oder fühlen sich von ihnen umgeben. Indem Hauptmann die Ungeziefersymbolik verwendete, die in der zeitgenössischen Dichtung – man denke an Georg Heyms (1887–1912) *Ophelia* und *Die Tote im Wasser*, an Georg Trakls (1887–1914) *An die Verstummten* und *Die Ratten* – häufig vorkam, berührte er die neue Kunst und Literatur um 1910, den Expressionismus. Ratten waren nicht nur in dieser Epoche, sondern über die Zeiten hinweg ein Symbol für Tod und Unheil (vgl. die

40 Benno von Wiese: *Wirklichkeit und Drama in Gerhart Hauptmanns Tragikomödie ‚Die Ratten'*. In: Schrimpf, S. 315

		Sage des Rattenfängers von Hameln, Shakespeares *Hamlet*, Goethes *Faust*, Wolfgang Borcherts *Nachts schlafen die Ratten doch*, 1946, und Albert Camus' *Die Pest*, 1947). In Borcherts Erzählung, die nach dem Zweiten Weltkrieg spielt, bewacht ein Neunjähriger seinen unter einem zerbombten Haus liegenden toten vierjährigen Bruder, damit dieser nicht von Ratten gefressen wird.
HL 3/ U 5	**Berliner**	Wenn Hauptmann eine Ortsbezeichnung gibt, entspricht er in der Gattungsbezeichnung naturalistischen Prinzipien und schafft ein „document humain" (Zola). Für die Zeitgenossen klang eine soziale Orientierung gegenüber den zeitenthobenen antiken Tragödien an. Mit dieser Konnotation versehen bewegte sich eine „Berliner Tragikomödie" am unteren Rand der Gesellschaft.
HL 3/ U 5	**Tragikomödie**	Siehe S. 48 ff. der vorliegenden Erläuterung.
U 5 (Passus nur bei Ullstein)	**Sestri Levante, Portofin(o)**	Urlaubsorte Hauptmanns in Italien, Region Ligurien.
U 5 (Passus nur bei Ullstein)	**Agnetendorf**	1900 wurde der Grundstein zu Hauptmanns „Haus Wiesenstein" gelegt, 1901 wurde es fertig, 1904 ließ sich Hauptmann mit Margarete Marschalk dort trauen.
HL 4/ U 6	**Dramatis Personae**	Die handelnden Personen gliedern sich in zwei gleich große Gruppen, von denen die eine aus Theaterkreisen, die andere aus dem Arbeitermilieu stammt. Ihre Handlungsorte sind das Dachgeschoss (1. und 3. Akt) und die zweite Etage (2., 4. und 5. Akt). Eine vermittelnde Zwischenrolle nehmen die Spittas ein („Bote aus der Fremde").

HL 5/ U 7	**ehemalige Kavallerie-kaserne**	Das sogenannte „Rattenhaus"[41] an der Alexanderstr. 10, Ecke Voltairestraße, 1770 erbaut, war zuletzt eine Kaserne der „Franzer", so wurden die nach Kaiser Franz Joseph I. von Österreich benannten Regimenter genannt. 1885 wurde die Kaserne Mietshaus.
HL 5/ U 7	**Theaterfundus**	Ort der Ausstattungsmittel eines Theaters. Der Begriff wird auch im Zusammenhang mit dem Theaterdirektor Alexander Heßler verwendet, in dessen „verstaubte(m) Fundus" (CA XI, 490) Hauptmann Schauspielunterricht nahm.
HL 5/ U 7	**Pappen-heimscher Kürassiere**	Sie werden in *Wallensteins Lager* (Friedrich Schiller, *Wallenstein*) als Respektspersonen erwähnt. Später dringen sie bei Wallenstein auf Wahrheit, was seine politischen Ziele betrifft (*Wallensteins Tod* 3. Akt, 15. Szene), befreien ihren Oberst Max Piccolomini aus Wallensteins Händen und werden von Max in einen ehrenvollen, aber sinnlosen Opfertod geführt.
HL 5/ U 7 f.	**Karl Moor**	Rebellischer Freiheitskämpfer aus Friedrich Schillers *Die Räuber*. Die mehrfachen Wiederholungen unterstreichen die Bedeutung Karl Moors, von dem verstaubte Schleifen geblieben sind. *Die Räuber* gehörten zu den wenigen Stücken Schillers, die von den Naturalisten anerkannt wurden.
HL 5/ U 8	**schwedische Reiterstiefel, spanische Degen und deutsche Flamberge**	Der Flamberg (Flammenschwert) ist ein meist zweihändiges Schwert mit gewellter Klinge. Das Nebeneinander der militärischen Attribute europäischer Armeen erinnert an den Dreißigjährigen Krieg und an Schillers *Wallenstein*. Auch diese Erinnerungen verstauben im Fundus.

---

41 So bezeichnet in der Tageszeitung *Tempo*, Berlin, vom 26. 9. 1932, abgebildet bei Rohmer, S. 46 und Nr. 70, vgl. auch: *Gerhart Hauptmann. Leben und Werk*, Ausstellungskatalog, S. 174

HL 5/ U 8	**eines Sonntags, Ende Mai**	Es ist das Jahr 1886 anzunehmen; noch regiert Kaiser Wilhelm I. (bis 1888, HL 7, 18/U 11, 26). Die Zentralmarkthalle wurde am 3. Mai 1886 eröffnet (HL 6/U 9). Der Grundstein für den Reichstag wurde 1884 gelegt. Der 5. Akt spielt wieder sonntags; möglicherweise ist zw. erstem und letztem eine Woche Handlungszeit vergangen.
HL 6/ U 8	**Schlachtensee oder Halensee**	Stadtteile im Westen Berlins, die gerade bebaut wurden. Die zukünftigen Luxusviertel im Westen zogen die Ärmsten an, die obdachlos waren und die Neubauten trocken wohnen durften. Deshalb sucht Pauline ihren Verführer in dieser Gegend (s. Anmerkung zu HL 7/U 10).
HL 6/ U 9	**Landwehrkanal**	Zwischen 1845 und 1850 angelegt und Mitte der 1880er Jahre erweitert, um Berlin südlich zu entlasten. Er war zu jener Zeit einer der meistbefahrenen Kanäle Deutschlands.
HL 7/ U 10	**Bräune**	Die ältere und Volksmedizin nannte alle Erkrankungen des Rachens oder der Luftwege so, bei denen Luftnot eintrat, z. B. Angina, Halsentzündung, Diphterie.
HL 7/ U 10	**Alois Theophil Brunner, Instrumentenmacher**	Es ist der Name des Verführers von Pauline Piperkarcka. In einem Fragment tritt er auf und gibt an, „Instrumentenmacher aus Siedtirol" (CA IX, 1153) zu sein. Die Herkunft, die für die Zeit untypisch war, und den Auftritt der Person hat Hauptmann gestrichen, Beruf und Namen aber erhalten (HL 7/U 10), Frau John erwähnt nebenbei, es sei „een Tiroler" (HL 87/U 129) gewesen. Hauptmann könnte auf einen zeittypischen Vorgang angespielt haben. In den 1870er und 1880er Jahren zogen viele arme Vogtländer aus Sachsen in die Randgebiete von Berlin, wo sie auf Arbeit hofften. Darunter befanden sich Musikinstrumentenbauer, ein für das Vogtland typisches Handwerk. Brunner war und ist

		zudem ein im Vogtland, besonders in Klingenthal, weit verbreiteter Name. Auch Zitherspielen (HL 38/U 57) war im Vogtland verbreitet. Es entstanden im Westen vor den Toren Berlins – in Halensee, Charlottenburg und Schlachtensee – neue Wohnsiedlungen, gedacht für wohlhabende Bürger; die Wohnungen mussten von den Ärmsten der Armen „in dem alten Voigtlande (so hieß das Gebiet, in dem die zugewanderten Vogtländer am Rande von Berlin lebten, R. B.) ... trocken gewohnt werden“[42], ehe sie vermietet werden konnten. Es scheint, als sei Piperkarckas Verführer ein solcher Vogtländer gewesen.
HL 7/ U 11	**Kaisa Willem**	Wilhelm I., Deutscher Kaiser 1871–1888. Bruno und Alice haben den Kaiser zur gleichen Zeit gesehen. Damit wird die Parallelität der Ereignisse angedeutet, ein Mittel der Simultantechnik. Der Kaiser durchfuhr oder durchritt einmal am Tage, meist zu fester Stunde, die „Kaiserstraße“ *Unter den Linden*. Das zu sehen galt für Besucher als Pflicht wie auch die Wachablösung, die Bruno begleitet (HL 7/U 11).[43]
HL 7/ U 11	**Schuberle buberle**	Vokabeln aus der Gaunersprache für ein jugendliches Gespenst, ähnlich wie „Pinke“ für Geld, „Trittlinge“ für Stiefel, „barmherzige Schwester“ für Hure und anderes (s. Anmerkung zu „Lampen!“, HL 9/U 13). Wörter aus der Gaunersprache häufen sich wieder in Brunos Auftritt im 4. Akt: „Wuddel“ = hin- und herfragen, „molum“ = betrunken u. a.

42 Max Ring: *Obdachlose in Berlin* (1870). In: Günther Cwojdrak (Hrsg.): Die Gartenlaube. Berlin: Eulenspiegel Verlag, 1982, S. 28

43 Vgl. Winfried Löschburg: *Unter den Linden. Gesichter und Geschichten einer berühmten Straße*. Berlin: Buchverlag Der Morgen, 1976, S. 172

HL 8/ U 12	**Rüdersdorf**	Die Eltern der John liegen in dem östlichen Vorort Berlins, nahe Erkner, begraben; es könnte eine Erinnerung an das Fragment *Der Buchstabe tötet* sein, das in der Nähe Erkners spielt. Rüdersdorf spielt im Frühwerk Hauptmanns eine Rolle (u. a. im *Bahnwärter Thiel*).
HL 8/ U 12	**Vitriol**	Früher Bezeichnung für alle im Wasser löslichen schwefelsauren Salze schwerer Metalle, darunter Eisen und Kupfer. Diese in Wasser gelösten Salze sind ätzend.
HL 9/ U 13	**Oktober vorijen Jahr**	Die Piperkarcka steht kurz vor der Geburt ihres Kindes und entbindet Ende Mai (am Ende des 1. Aktes). Rechnet man zurück, so war das jene Zeit, als sie ihre Schwangerschaft feststellte.
HL 9/ U 13	**Lampen!**	Bruno verwendet den Warnruf der Diebe und erklärt seiner Schwester dessen Bedeutung.
HL 9/ U 14	**Zirkus Schumann**	Hauptmann hat offenbar den Zirkus besucht und dort die Attraktionen des Tierbändigers Julius Seeth gesehen, der fünfundzwanzig dressierte männliche Löwen vorführte. Bruno brachte es als dummer August immerhin auf drei Esel.[44]
HL 9/ U 14	**Tülle**	Abwertend für „Mädchen", verwandt mit: die Tülle = kleine Rinne.
HL 10/ U 14	**barmherzige Schwester**	Prostituierte.
HL 10/ U 15	**Kohlmarcht**	Gaunersprache: kein Geld.
HL 10/ U 15	**der Potsdamer sind**	Der Dumme sein; der Potsdamer zahlt und hat nichts davon, im Gegensatz zum Nassauer.[45]
HL 10/ U 15	**Plattmullje**	Gaunersprache: Brieftasche.[46]

---

44 Vgl. Gerhart Hauptmann: *Tagebücher 1897 bis 1905*, S. 625
45 Vgl. Bellmann, S. 13 f.8
46 Vgl. Bellmann, S. 13

HL 11/ U 16	**Zangzuzih**	Sanssouci (frz.: sorgenfrei). Königliches Lustschloss bei Potsdam, Lieblingsaufenthalt von Friedrich II., dem Großen. Sommersitz Friedrich Wilhelms IV. Bruno macht den Unterschied zwischen königlicher und plebejischer Herkunft deutlich. Sanssouci fällt ein, wenn mitgeteilt wird, der Soldat Sorgenfrei habe sich in voller Montur erhängt (HL 44, 48/U 65, 70 f.): Obwohl wie das Schloss heißend, war er keineswegs sorgenfrei, sondern sein Leben in der Kaserne führte in den Selbstmord.
HL 11/ U 16	**Ratten ... Dohle**	Erstmals werden die Ratten genannt. Gleich darauf wird ein zweites Tier metaphorisch verwendet: Die Dohle ist umgangssprachlich eine hässliche Frau, auch eine Prostituierte. In diesem Kontext enthüllt sich „Ratten" als Metapher, die schließlich das Leben im Miethaus stellvertretend für das Leben auf der Welt setzt. Das bestätigt eine Tagebucheintragung aus der Entstehungszeit: „Der Mensch grassiert wie eine Plage."
HL 11/ U 16	**Schokoladen-kasten**	Zuchthaus, die Insassen bezeichnete man wegen ihrer braunen Gefängniskleidung als Schokoladenmänner.
HL 13, 38/U 19, 56	**Rinnsteen, Rinnstein**	Das Wort war zu einem Leitbegriff geworden. Er war durch Kaiser Wilhelm II. in die Diskussion gekommen. 1901 hatte er in einer Rede die „wahre Kunst" dadurch charakterisiert, dass sie die „Pflege der Ideale" wahrnehmen müsse und nicht „in den Rinnstein niedersteige". Der daraus abgeleitete Begriff „Rinnsteinkunst" zielte auf den Naturalismus. Es entstanden, angeführt von Hans Ostwald (s. S. 98 f. der vorliegenden Erläuterung), bewusst Sammlungen von „Rinnsteinkunst" und „Rinnsteinsprache". Schriftsteller wie Günter Bruno Fuchs stellten sich bis in die Gegenwart bewusst in diese

		Tradition. Der Begriff meint mehr als den Ort, für den Frau John üblicherweise „Gosse" verwenden würde; auch steht er in der gleichen Beziehung zum Straßennamen wie die folgende Metapher mit ihrer idiomatischen Wendung:
HL 13/ U 19	**Barnimstraße hinter schwed'sche Jardinen**	Frauengefängnis in der Barnimstraße, unweit des Handlungsortes.
HL 13/ U 19	**Zylinder nach hinten ... Frackanzug ... mit Ordensternen überdeckte Brust**	Diese Attribute könnten darauf hindeuten, dass Hauptmann in Hassenreuter auch ein Porträt Henrik Ibsens entwerfen wollte und mit dem Dachboden an Ibsens Dachboden aus der *Wildente* erinnern möchte. Unterstrichen wird diese Vermutung, als Hassenreuter sich in einem Spiegel mustert, den er in seinem Zylinder angebracht hat (HL 15/U 22), und sich dann sorgfältig kämmt, ein Attribut, das für Ibsen legendär geworden ist.
HL 13/ U 20	**Sic transit gloria mundi! ... mutatis mutandis ...** **Fiat lux, pereat mundus!**	Stammt aus den Riten der Papstkrönung: So vergeht der Ruhm der Welt!; heute meist ironisch gebraucht. Mit den nötigen Abänderungen. Vulgata Fassung 1. Mose 1, 3 und Teil einer Devise Kaiser Ferdinands I.: Es werde Licht, und sollte die Welt darüber zu Grunde gehen. Der Ausspruch ist aus mehreren kompiliert worden. Alles in allem dienen diese Versatzstücke dazu, Hassenreuters „Bildung" auszuweisen.
HL 13/ U 20	**Motten-, Ratten- und Flohparadies**	Hassenreuters Stolz auf sein Paradies erinnert an Mephistos Selbstcharakteristik als „Herr der Ratten und der Mäuse,/Der Fliegen, Frösche, Wanzen, Läuse" in Goethes *Faust* (1. Teil, Vers 1516 f.); auch befiehlt Mephisto einem „Rattenzahn" (Vers 1513), das Pentagramm aufzunagen, damit er Fausts Studierzimmer verlassen kann.

HL 14/ U 21	**post hoc, ergo propter hoc!**	Nach dem, also dessentwegen. Hassenreuter zitiert erneut falsch und meint, dass er von einer Audienz beim Prinzen nur Jettels wegen aufgebrochen sei, der das aber nicht zu würdigen wisse.
HL 15/ U 22	**O Straßburg**	Bekanntes Lied, auch im *Allgemeinen Deutschen Kommersbuch* als Nr. 517 enthalten. Darin findet sich der Hauptmann möglicherweise zusätzlich inspirierende Vers: „Der Vater, die Mutter, die ging'n vor's Hauptmanns Haus: ‚Ach, Hauptmann, lieber Herr Hauptmann, gebt unsern Sohn heraus!'"
HL 15/ U 22	**reichsländischen Direktionsperiode**	Hauptmann benutzt hier wie auch sonst vorhandene Fakten. Das Urbild Hassenreuters, Alexander Heßler (1833–1900), war von 1872 bis 1881 Theaterdirektor in Straßburg, dann in Hannover und Bremen; er ging 1884 nach Berlin und wurde 1886 nach Straßburg zurückberufen (HL 18/U 26). Das Elsass gehörte seit 1871 zum Deutschen Reich. – Hauptmann hatte während der Berliner Zeit bei Heßler Schauspielunterricht (CA VII, 1046). Auch andere Angaben über Hassenreuter, z. B. die finanziellen Verluste (HL 16/U 24), wurden der Biografie Heßlers entnommen.
HL 15/ U 23	**Pillicock ...**	Eine Verszeile und ein Redestück Edgars, dem Sohn Glosters, aus Shakespeares *König Lear* (3. Akt, 4. Szene). Edgar stellt sich wahnsinnig. Auch „Sessa" – Form eines Ausrufs und von Hassenreuter zur eigenen Anwendung adaptiert – stammt von Edgar (3. Akt, 6. Szene). „Sessa" wurde auch von Hauptmanns Sekretärin Edith Cox und von Otto Brahm verwendet.[47]

---

47 Brahm, Otto; Hauptmann, Gerhart: *Briefwechsel 1889–1912*, S. 232

HL 16/ U 23	**E nihilo nihil fit!**	Aus dem Nichts entsteht nichts. Philosophischer Grundsatz (Melissos; Aristoteles). Hassenreuter zitiert wieder ungenau: „E" statt „Ex".
HL 16/ U 24	**dieser Kretin, diese bête imbécile**	Dieser Dummkopf, dieses blöde Vieh.
HL 16/ U 24	**I kenn' doch meine Pappenheimer.**	Verballhorntes Zitat aus Friedrich Schillers *Wallenstein (Wallensteins Tod)*: „Daran erkenn ich meine Pappenheimer." (Vers 1871).
HL 16/ U 24	**Hedschra**	Übersiedlung Mohammeds von Mekka nach Medina im Jahre 622, Beginn der mohammedanischen Zeitrechnung. Hassenreuter bezieht den Begriff auf seine Übersiedlung nach Berlin.
HL 16/ U 24	**Exzellenz ... Hoftheater**	Von 1851 bis 1886 leitete Botho von Hülsen (1815–1886) das Königliche Hoftheater, „Exzellenz" genannt. Er war berühmt für sein Verwaltungstalent und seine Fürsorge für die Schauspieler. Auf das Repertoire nahm er geringen Einfluss; so gab es zwar eine angemessene Zahl klassischer Stücke auf der Bühne, aber keine Gegenwartsstücke.
HL 17/ U 25	**Bassermannsche Gestalt**	Geflügeltes Wort für „verdächtige Gestalt", nach einem Bericht von 1848, bei dem der badische Abgeordnete Friedrich Daniel Bassermann (1811–1855) von Gestalten auf den Straßen Berlins sprach, die er nicht schildern wollte.[48] Hauptmann beschrieb sie auch im *Abenteuer meiner Jugend*; er fand sie in „der unendlich bunten Fülle menschlicher Typen in Berlin" (CA VII, 1026).

---

48 Vgl. Stichwort zu: Bassermann, Friedrich Daniel. In: *Brockhaus Konversations-Lexikon*. Berlin und Wien: F. A. Brockhaus im Leipzig, 1893 (14. Auflage), S. 473

HL 18/ U 27	**Fürst Statthalter**	Chlodwig Fürst zu Hohenlohe-Schillingsfürst (1819–1901), bayrischer Staatsmann. 1885 wurde er Statthalter von Elsass-Lothringen und stabilisierte dort die Lage, die durch seinen Vorgänger Manteuffel gestört worden war.
HL 18/ U 27	**Prinz Ruprecht**	Möglicherweise Ruprecht, Kronprinz von Bayern (1869–1955), der sich in Potsdam aufhielt und vom bayrischen Staatsmann Chlodwig besucht wurde.
HL 18/ U 27	**Klärchen und Egmont**	Die Szene parodiert die Szene „Klärchens Wohnung" aus dem 3. Akt von Goethes *Egmont*: Egmont „wirft den Mantel ab und steht in einem prächtigen Kleide da". Er erfüllt Klärchens Wunsch, „einmal spanisch zu kommen" und den Orden vom Goldenen Vlies zu tragen. Er fordert sie auf: „Sieh dich nur satt." Was sich dort in der Zeit eines Freiheitskampfes ereignet und wobei Egmonts Tod schon beschlossene Sache ist, wird hier im verstaubten Fundus zur satirischen Wiederholung.
HL 20/ U 29	**natura non facit saltus**	Die Natur macht keine Sprünge. – In diese Maxime wurde Aristoteles' naturphilosophische Erkenntnis gebracht, dass die Natur allmählich zu immer höheren Stufen fortschreite.
HL 20/ U 29	**wo Sie doch Konnexionen haben**	Beziehungen, Kontakte. – Hassenreuter spricht, wie es Hauptmann aus einem Gespräch mit Heßler in Erkner berichtete. Auf den Bühnenehrgeiz des jungen Hauptmann habe Heßler reagiert: „Mensch, Sie haben die hübscheste Frau und Kinder, Sie haben die nötige Rente, das nötige Kapital, um Gotteswillen, wer heißt Sie denn diesen blutsauren Weg betreten?" (CA XI, 491).
HL 21/ U 31	**im Leben solche Käuze**	Spittas ästhetische Ansichten sind naturalistisch geprägt. Kunst ist nicht das ideale Abbild der Wirklichkeit wie in der Klassik – das ist „Schiller-Goethisch-Weimarische Schule der

		Unnatur" (HL 21/U 31) –, sondern Kunst hat der Wirklichkeit ähnlich, im besten Falle weitgehend mit ihr identisch zu sein. Das entspricht der Formel von Arno Holz: „Kunst = Natur – x", wobei das x möglichst klein zu sein hat.
HL 22/ U 32	**„Komm herab, o Madonna Teresa!"**	Refrain von Pueblos Ständchen aus der Operette *Don Cesar* von Rudolf Dellinger (1857–1910). Uraufführung am 28. 3. 1885 in Hamburg.
HL 22/ U 33	**anathema sit!**	Der sei verflucht! Nach 1. Korinther 16, 22.
HL 27/ U 40	**nach Amerika auswandern**	Die Auswanderung nach Amerika war einer der großen Bevölkerungsströme im 19. Jahrhundert und wurde bereits bei Goethe (Lothario in *Wilhelm Meisters Lehrjahre*), in Eichendorffs *Ahnung und Gegenwart* und dann von mehreren Dichtern thematisiert: Sealsfield, Gerstäcker, Theodor Storm, Gustav Freytag, Wilhelm Raabe. Zwischen 1881 und 1890 wanderten 1.452.970 Deutsche nach Amerika aus. – Im Breslauer Freundeskreis der Brüder Hauptmann plante man, eine ikarische Republik in Amerika zu gründen. Gerhart Hauptmann sollte darin Minister werden. Nachdem aber einer dieser Freunde, Alfred Ploetz, 1883 die Möglichkeiten geprüft hatte, ließ man von dem Vorhaben ab, konnte aber nicht verhindern, dass den Ikariern ein politischer Prozess gemacht wurde (Breslauer Sozialistenprozess, 1887), bei dem Hauptmann als Zeuge erscheinen musste. Als der Prozess auch ihn zu bedrohen schien, floh er im Januar 1888 nach Zürich und kehrte erst im Oktober zurück.
HL 28/ U 41	**Soxhlet-Kinder-Milchapparat**	Gerät von Prof. Franz von Soxhlet (1848–1926) zur Sterilisation von Milch. Das Tagesquantum des Säuglings wurde auf 0,16 l fassende Flaschen aufgeteilt und 40 Minuten der Siedehitze ausgesetzt.

HL 28/ U 42	**Verfalls-symptom unserer Zeit**	In deutlichem Widerspruch zu seiner deutschnationalen Haltung sieht Hassenreuter Verfallssymptome, deren eines die Unfähigkeit der Mütter ist, ihre Kinder zu stillen. Ein weiteres folgt, wenn Hassenreuter von der „Heilung sogenannter sozialer Schäden" (HL 30/U 45) spricht. Hinter der ironischen Brechung ist ein ernsthafter zeitgenössischer Begriff zu sehen.
HL 28/ U 42	**deutschnational**	Es war die Haltung einer Bewegung, die sich Mitte des 19. Jahrhunderts deutsch, monarchistisch, antisemitisch und antikatholisch gab; sie hatte auch großen Zuspruch in Österreich und war 1911 die stärkste Fraktion im österreichischen Reichsrat.
HL 29/ U 43	**Parochialkirche**	Klosterstraße, Ecke Parochialstraße in der Nähe der Mietskaserne an der Alexanderstr. 10, Ecke Voltairestraße, 1695–1703 von Martin Grünberg erbaut. Im 19. Jahrhundert wurde der barocke Innenbau stark verändert. In Theodor Fontanes Roman *Der Stechlin* (1897/99) ist das Glockenspiel der Pachorialkirche das Zeichen zum Beginn einer Schiffsrundfahrt (14. Kapitel).
HL 29/ U 44	**Bismarck-verehrer**	Otto, Fürst von Bismarck (1815–1898) wurde nach dem Deutsch-Französischen Krieg 1870/71, dessen Ausbruch er wesentlich betrieben hatte, und der Reichsgründung 1871 der erste deutsche Reichskanzler. Zur Handlungszeit des Stückes stand der „Schmied der deutschen Einheit" (HL 30/U 44) auf dem Höhepunkt seiner Macht.
HL 29/ U 44	**Jenossen in't Mauerjewerbe**	Wenn John in der Zeit des Sozialistengesetzes (1878–1890) von „Genossen" spricht, ist er entweder Mitglied der sozialdemokratischen Partei oder steht der Sozialdemokratie nahe. Unter den Berliner Maurern waren Gewerkschaft und Sozialdemokratie stark verbreitet.

HL 30/ U 45	**Stern**	Mehrere Angaben weisen wie „Stern" auf die Weihnachtsgeschichte (Matthäus 2, 1–11) hin, so „die drei Könige aus dem Morgenlande" (HL 30/U 45) und „Weihrauch und Myrrhen" (HL 31/U 46). Als die Handlung auf den Höhepunkt zustrebt und aus Freude und Komödie Verbrechen und Tragödie werden, wird dieser Umschlag angekündigt mit der veränderten Akzentuierung des Sterns: „ein böser, neidischer, giftiger Stern" (HL 34/U 51).
HL 30/ U 45	**Semper idem**	Immer derselbe! Ausspruch Ciceros über die Standhaftigkeit des Sokrates. Maxime für Treue und Beständigkeit.
HL 31/ U 46	**Nutrimentum spiritus**	Nahrung des Geistes; von Friedrich II. für die Königliche Bibliothek zum Motto bestimmt.
HL 31/ U 47	**Fundamente ... bei't neue Reichstagsjebäude**	Wilhelm I. legte am 9. Juni 1884 den Grundstein zum Reichstag; der Bau wurde 1898 abgeschlossen. Die Arbeit an den Fundamenten zog sich über Jahre hin, Johns Aussage traf für einen längeren Zeitraum zu.
HL 32, 59/U 48, 87	**Janhagel**	Pöbel, hergelaufenes Volk; der Name entstand aus dem fiktiven Namen „Johannes Hagel" und wurde in der Literatur wie ein Name verwendet.
HL 33/ U 49	**Mädel mit zwölf uff de Jasse**	Die Knobbe schickt Kinder zur Prostitution. „Gasse" verbindet sich zu dieser Zeit mit Prostitution.
HL 35/ U 52	**Selbstmörderfriedhof bei Schildhorn**	Bei Schildhorn unweit des östlichen Havelufers wurde 1879 der landeseigne Friedhof Grunewald-Forst angelegt. Dieser Selbstmörderfriedhof hat in Hauptmanns Werk mehrfach eine Rolle gespielt, wurde im Tagebuch am 8. 10. 1906 erwähnt und beschrieben[49], löste das Gedicht *Die Selbstmörder. Vision im Grunewald*

49 Gerhart Hauptmann: *Tagebücher 1906 bis 1913*, S. 111 und 510

		aus[50] und ging schließlich in die *Ratten* ein. 1886 wurde im Grunewald die Leiche Hugo Thienemanns gefunden, eines Cousins von Hauptmanns erster Frau Marie, der Selbstmord begangen hatte; den Vorgang verarbeitete Hauptmann mehrfach in seinem Werk.
HL 37/ U 54	**Brickenberch**	Brückenberg am nördlichen Abhang des Riesengebirges (Schlesien), gehörte zur Gemeinde Gebirgsbauden und wurde durch die norwegische Holzkirche Wang bekannt. Da Frau Johns Eltern in Rüdersdorf beerdigt sind (HL 8/U 12), muss sie als Kind mit den Eltern von Schlesien zugewandert sein.
HL 39/ U 58	**furchtbar verändert**	Mutter John verliert ihre menschlichen Züge und wird zur Rache- bzw. Schicksalsgöttin. Wenn Hassenreuter in einer früheren Fassung vom „Haupt der Gorgo"[51] spricht, das man gesehen habe, so wird hier die szenische Umsetzung erreicht: Wer eine der Gorgonen (die Gorgonen sind Stheno, Euryale und Medusa) ansah, erstarrte zu Stein. Die John befiehlt Pauline, sie anzusehen, und die sinkt wimmernd vor ihr zusammen. In einer anderen Fassung bezeichnet Quidde (Spitta) die John mit einem Zitat aus Schillers *Braut von Messina* als „Haupt der Medusa" (CA IX, 1173) und vergleicht sie mit der einzig sterblichen der Gorgonen (die Schrecklichen).
HL 42/ U 62	***Braut von Messina***	Trauerspiel von Friedrich Schiller, uraufgeführt und erschienen 1803. Schiller bemühte sich, ein analytisches Schauspiel von der Qualität des *König Ödipus* von Sophokles zu schreiben. Dabei hatte sich die Handlung im Wesentlichen bereits ereignet und musste rückwirkend

---

50 Vgl. Requardt und Machatzke, S. 122 f.

51 *Gerhart Hauptmann. Leben und Werk*, Ausstellungskatalog, S. 176

		enthüllt werden. Oft begründete ein Orakel/ eine Prophezeiung die Ereignisse, so auch in der *Braut von Messina*: Sollte Isabella zu den beiden Söhnen eine Tochter gebären, würden die Söhne und die gesamte Familie durch sie umkommen. Der Vater befahl, die Tochter ins Meer zu werfen. Die Mutter aber rettete sie und zog sie im Verborgenen auf. Die Vorhersage erfüllte sich. – Alles Wichtige hat sich bereits vor dem Beginn der Handlung ereignet und muss enthüllt werden. Nur die Katastrophe ereignet sich noch auf der Bühne. Das gelte, nach Schiller, auch für einfachste Vorgänge. Die in den *Ratten* zitierten Verse aus den beiden Chören, dem Gefolge der feindlichen Brüder Manuel und Cesar, stammen aus dem 1. Akt, 3. Szene, des Stückes.
HL 42/ U 62	**innerhalb eines Schemas**	Hauptmann verwendet Hinweise und Beschreibungen des Literaturwissenschaftlers Richard M. Meyer: *Goethes ‚Regeln für Schauspieler'*[52]. In Hauptmanns Exemplar, das sich in seiner Bibliothek befindet[53], finden sich Anstreichungen. Meyer hatte beschrieben, wie der Theaterboden schachbrettartig oder, so nach § 87 der Regeln Goethes, „durch rhombische Flächen" eingeteilt worden sei.
HL 43/ U 63	**Erinnyen**	Griechische Rachegöttinnen der Unterwelt (lat.: Furien), die erbarmungslos Mord, Frevel, Unrecht und Blutschuld bestrafen, z. B. Orest als Muttermörder in den Wahnsinn treiben. Sie wohnen im Hades, erscheinen meist zu dritt

---

52 Richard M. Meyer: *Goethes ‚Regeln für Schauspieler'*. In: Goethe-Jahrbuch, hrsg. von Ludwig Geiger, Bd. 31, Frankfurt a. M. 1910, S. 117–135.

53 Auf diesen Sachverhalt hat hingewiesen: Peter Sprengel: *Literatur im Kaiserreich. Studien zur Moderne.* Berlin: Erich Schmidt Verlag, 1993, S. 134 f. (Anm. 25)

		(Alekto, Megaira, Tisiphone), haben Schlangenhaar – ursprünglich Erdgöttinnen in Schlangenform –, Fackeln und Geißeln und machen durch Brüllen auf sich aufmerksam. Dass der Eid als ihr Sohn bezeichnet wird, bezieht sich darauf, dass sie als Schwurzeuginnen verehrt wurden.
HL 43/ U 63	**Quaquaro**	Der merkwürdige Name wurde von Hauptmann im Fragment *Rom* (1909) für ein italienisches Modell verwendet. In die *Ratten* wurde die Figur des Emil Q. erst ab der 6. Fassung aufgenommen. Kurt Tucholsky schrieb 1922, dass es zwar den Namen in Deutschland nicht gäbe, aber „dieses Land von Quaquaros" wimmele (s. S. 123 der vorliegenden Erläuterung).
HL 43/ U 64	**Virchow**	Rudolf V. (1821–1902), erwarb sich als Arzt große Verdienste um die öffentliche Gesundheitspflege, Desinfektion, Kanalisation und Städtereinigung.
HL 44/ U 65	**Schneidemühl**	Stadt im preußischen Regierungsbezirk Bromberg, Sitz des Oberlandesgerichts Posen. Mehr als die geografische Beschreibung war dieser Stadtname möglicherweise eine Art Losungswort zwischen Berliner Naturalisten. Der mit Hauptmann bekannte Dichter Peter Hille (1854–1904) gab zur Zeit der Handlung des Stückes, im Oktober 1885, eine Zeitschrift *Völker-Muse. Ein kritisches Schneidemühl* heraus, die ebenfalls den Städtenamen verwendete, ohne dass diese Verwendung logisch begründbar gewesen wäre oder einen Sinn ergeben hätte.
HL 45/ U 66	**Haupt der Medusen**	Von den drei Gorgonen hieß die sterbliche Medusa, ein grauenhaftes Ungeheuer, dessen Blick den Menschen versteinte. Medusa wurde von Perseus enthauptet. Vgl. die Anmerkung zu „furchtbar verändert" (HL 39/U 58).

HL 45/ U 66	**Eumenide**	Die Wohlgesinnte; Athene versah die Erinnyen (Rachegöttinnen) mit dem euphemistischen (verhüllenden) Namen und ließ aus den Rachegöttinnen Segensgöttinnen werden. Vgl. die Anmerkung zu „Erinnyen" (HL 43/U 63).
HL 45/ U 67	**Größenwahn**	Titel eines „pathologischen Romans" von Karl Bleibtreu, Leipzig 1888, der „heidnisch-griechisch-antike Ästhetik und Poesie" mit einer „christlich-germanisch-moderne(n) Dichtung"[54] konfrontiert – das entspricht etwa den gegensätzlichen Standpunkten Hassenreuters und Spittas – und sich zum Größenwahn bekennt. In ihm traten Hauptmann als „Gerhart Heidenauer" und seine Dichtung *Promethidenlos* als „Messiasleiden eines Promethiden"[55] auf.
HL 45/ U 67	**Paraphrase des Willens zum Blödsinn**	Verdeutlichung, zielt wahrscheinlich auf Nietzsches *Willen zur Macht*, einen aus Nachlassmaterialien zusammengestellten Band, der lange Zeit als Nietzsches Hauptwerk galt. Hauptmann hatte stets ein distanziertes bis ablehnendes Verhältnis zu Nietzsche. Dass Spittas Tragödien-Bestimmung (HL 46/U 68) ein Gegenentwurf zu Nietzsches *Die Geburt der Tragödie* ist, mit der sich der Dichter intensiv beschäftigte und deren ungenügende praktische Lebenserfahrung er bemängelte, kann nur genannt werden.
HL 46/ U 67	**Akzidens**	Das Zufällige, was nicht ursächlich zu etwas gehört.
HL 46/ U 67	**Gründlinge**	Nach Shakespeares *Hamlet* (3. Akt, 2. Szene) sind es die Theaterunkundigen – die „Gründlinge im Parterre", auf dem Grund sitzend, den billigsten Plätzen –, denen aber bestimmte

---

54 Karl Bleibtreu: *Größenwahn. Pathologischer Roman*. Leipzig: Friedrich, 1888. Neudruck: Berlin: Zenodot Verlagsgesellschaft, 2008, S. 8

55 Ebd., S. 448

		Schauspieler gerecht zu werden versuchen. Hamlet würde solche Schauspieler am liebsten verprügeln lassen.
HL 46/ U 67	**Schuld und Sühne**	Hassenreuter widerlegt sich unbewusst selbst. Er bezieht sich einmal auf sittliche Kategorien, die in der Dramendiskussion der Aufklärung eine große Rolle gespielt hatten und sich dramentheoretisch im Begriff der Katharsis (Läuterung) niederschlugen. Andererseits war es auch der Titel eines Romans von Fjodor M. Dostojewski (1821–1881), der 1882 ins Deutsche übersetzt und zu einem Vorbild naturalistischer Prosa wurde. In den summierenden Reihen der Vorbilder stand er direkt neben Zola und Ibsen. Der Roman beschrieb, wie sittliche Werte in Auflösung begriffen waren. Hauptmann verstand Dostojewskis Angriff auf diese Werte, sah aber, dass solches Denken in den „Wahnsinn"[56] führte.
HL 46/ U 68	**Objekt der Tragödie**	Zentrale Thesen der naturalistischen Theorie klingen an: Conrad Alberti, der naturalistische Theoretiker, mit dem Hauptmann mehrfach über Kreuz lag, hatte die berühmte Formulierung getroffen: „... als Stoff steht der Tod des größten Helden nicht höher als die Geburtswehen einer Kuh, denn dasselbe einheitliche und allgewaltige Naturgesetz verkörpert sich in diesem wie in jenem."[57]
HL 46/ U 68	**Schiller und Gustav Freytag**	Die deutschen Naturalisten lehnten Schiller ab; nur das Frühwerk (*Die Räuber*) ließen sie gelten. Freytag wurde mit seinen Romanen teilweise

---

56 Gerhart Hauptmann: *Tagebücher 1897 bis 1905*, S. 115 f.

57 Conrad Alberti: *Der moderne Realismus in der deutschen Literatur und die Grenzen seiner Berechtigung*. Vortrag, gehalten im deutschen Literaturverein Leipzig. Hamburg: Verlagsanstalt und Druckerei A. G., 1889 (Deutsche Zeit- und Streit-Fragen. Neue Folge, Jahrgang IV, Heft 52), S. 18

		als Verbündeter gesehen, aber seine kanonisierte Dramentheorie stellten sie infrage. Freytag hatte sie aus Schillers Werken abgeleitet und zur Bewertung klassischer Dramatik benutzt (*Die Technik des Dramas*, 1863).
HL 46/ U 68	**Lessing und Diderot**	Lessing war einer der wenigen Schriftsteller, den die Naturalisten in ihrer Traditionsbildung gelten ließen. Lessings Übersetzung *Das Theater des Herrn Diderot* erschien 1760 und war für die Dramaturgie Lessings eine wesentliche Rechtfertigung. Die Gattungen seien nicht an Stände gebunden, sondern Tragödie und Komödie würden gleichermaßen allen Menschen gehören. Zuvor war die Tragödie dem aristokratischen Stand, die Komödie dem plebejischen zugeordnet gewesen. Lessing und Diderot werden von Spitta als Dramaturgen, nicht als Dichter betrachtet.
HL 46/ U 68	**auf den jungen Schiller …**	Hauptmann legt Spitta Sätze in den Mund, die fast wortwörtlich in der naturalistischen Kampfschrift Heinrich und Julius Harts *Für und gegen Zola* (in: Kritische Waffengänge, 1882, Heft 2, S. 54) stehen: „… wir müssen wieder anknüpfen an den jungen Goethe …, denn da ist nicht nur Wahrheit wie bei Zola, da ist poesiegetränkte Wahrheit."
HL 47/ U 69	**etwas Menschenfresserartiges in der Physiognomie**	Das von Spitta Goethe zugeordnete Zitat stammt nicht von diesem, sondern ist gegen Goethes Schauspielschulung gerichtet. Carl Wilhelm Reinhold (d. i. Zacharias Lehmann), Schauspieler und Journalist, schrieb es in dem Pamphlet *Saat von Goethe gesäet dem Tage der Garben zu reifen* (Weimar, Leipzig 1808).[58]

58 Vgl. Sprengel: *Literatur im Kaiserreich. Studien zur Moderne.* Berlin: Erich Schmidt Verlag, 1993, S. 135

HL 49/ U 73	***Journalisten***	Erfolgreiches Lustspiel Gustav Freytags (Uraufführung 1852), das die Rolle der Presse und der Schriftsteller beschreibt, gleichzeitig aber Missstände kritisiert. Die Gestalt des Journalisten Schmock von der Zeitung „Coriolan" wurde zum Sinnbild des gewissen- und charakterlosen Journalisten.
HL 50/ U 74	**Sodom**	Auf die biblische Stadt Sodom (und Gomorrha) am Toten Meer regnete es wegen ihrer Sünden „Schwefel und Feuer" (1. Mose 19, 24). 1891 hatte Sudermann sein zweites Stück *Sodoms Ende* genannt; es behandelte das tragische Geschehen um den Maler Karl Stauffer-Bern, der in Berlin als Künstler und Mensch scheiterte.
HL 50/ U 75	**honny soit qui mal y pense**	(eigentl. „honi/honni ...") „Verachtet sei, wer Arges dabei denkt", Wahlspruch des Hosenbandordens, des höchsten englischen Ordens.
HL 50/ U 75	**Lutherfestspiel in Merseburg**	1883 hatte der Dichter Hans Herrig (1845–1892), der zum Umkreis der Naturalisten gehörte, ein Luther-Festspiel *Luther. Ein kirchliches Festspiel zur Feier des 400jährigen Geburtstages Martin Luthers in Worms* geschrieben. Es wurde in Berlin von Alexander Heßler uraufgeführt und mit viel Beifall an vielen Orten Deutschlands gespielt.
HL 50/ U 75	**Kulturkämpfer**	Hassenreuter als Anhänger Bismarcks steht auf dessen Seite im sogenannten „Kulturkampf" gegen die katholische Kirche.
HL 52/ U 77	**Weltuntergang**	Der W. ist ein vielfach erörtertes Thema der Naturalisten, das auch thematisiert wurde, z. B. in Karl Bleibtreus Tragödie *Weltgericht* (1888), in der die Geschichte der Französischen Revolution von 1789 verarbeitet wurde.
HL 59/ U 87	**Herrn Madai**	Guido von Madai (1810–1892), bis Oktober 1885 Berliner Polizeipräsident. Der Polizeipräsident von Jagow beanstandete in den *Ratten* die

		Beziehung eines „heruntergekommenen Schmierenkönigs" zu dem ehemaligen Polizeipräsidenten, empfand es als eine „Verunglimpfung" seines Vorgängers und forderte die Streichung des Namens, die auch vorgenommen wurde.[59] In der Premiere wurde der Name dennoch genannt, für die weiteren Aufführungen musste er gestrichen werden und Hauptmann ließ ihn durch „Baron von Krawutschke" ersetzen, was in der Presse mitgeteilt wurde.
HL 61/ U 91	**Sumpf**	Es scheint auf ein Schauspiel Julius Harts angespielt zu werden: *Der Sumpf* (Münster: Brunn, 1886). Das Stück spielt großteils in Berlin, das als „Sumpf" erscheint, in dem Menschen untergehen und Künstler vernichtet werden. Es bestehen inhaltlich manche Parallelen zu Hauptmanns *Ratten*.
HL 61/ U 91	**Chloral**	Chloralhydrat wurde gegen Schlaflosigkeit verwendet, aber auch bei Säuferdelirien, Geisteskrankheiten usw. An einer Überdosis C. starb 1891 der Maler Karl Stauffer-Bern (s. Anmerkung zu Sodom, HL 50/U 74). Seine Kunst erschien wie eine Zusammenführung von klassischer und naturalistischer Kunst. Hauptmann war vom Schicksal Stauffer-Berns tief berührt.[60]
HL 62/ U 92	**ein Kind mit zwei Müttern**	Angespielt wird auf die Geschichte vom Kreidekreis; sie kommt aus dem Chinesischen (um 1300) und betrifft ein Kind, das von zwei Müttern in Anspruch genommen wird. Ein Richter stellt das Kind in einen Kreidekreis mit der Maßgabe, die Mütter sollen das Kind aus diesem herausziehen. Der Richter erkennt die

59 H. H. Houben: *Polizei und Zensur*. Bd. 11 der *Polizei in Einzeldarstellungen*, hrsg. von W. Abegg. Berlin: Gersbach & Sohn, 1926, S. 134 f.

60 Brahm, Otto; Hauptmann, Gerhart: *Briefwechsel 1889–1912*, S. 85 (Nr. 39), 119

		richtige Mutter daran, dass sie auf die Kraftprobe verzichtet, um dem Kind keine Schmerzen zuzufügen. Brecht variierte in seinem *Kaukasischen Kreidekreis* (UA 1948) die Lösung: Die Pflegemutter verzichtet, weil sie die mütterlichere der beiden Frauen ist.
HL 63/ U 93	**salomonisches Urteil**	König Salomo entscheidet einen ähnlichen Fall dadurch, dass er das Kind mit dem Schwert zerteilen will (1. Könige, 3, 17–28). Als die richtige Mutter das Kind lieber der anderen Frau überlassen will, ehe dass es getötet wird, erkennt Salomo die richtige Mutter. In vorliegendem Fall wird das salomonische Urteil vollstreckt, denn das Kind ist tot; damit aber hat keine der beiden Frauen das Kind.
HL 63/ U 93	**Schierke, die Kielbacke mit dem toten Kinde, gefolgt von Frau Knobbe und der Piperkarcka**	Die abziehende Gruppe erscheint wie eine säkularisierte und travestierte Pieta, einer Karikatur ähnlich. Auf dem beliebten Andachtsbild trauert Maria mit ihrem toten Sohn im Arm oder auf dem Schoß.
HL 63/ U 93	**Sic eunt fata hominum.**	So verlaufen die Schicksale der Menschen.
HL 64/ U 94	**Hangelsberg**	Ort an der oberen Spree und der Bahnstrecke zwischen Erkner und Fürstenwalde.
HL 64/ U 94	**Zerberus**	Auch: Kerberos; blutgieriger Hund und Torhüter zur Unterwelt (Hades). Er ließ niemanden, der eingetreten war, wieder heraus. Im übertragenen Sinn: grimmiger Wächter.
HL 66/ U 97	**wo de Jerber de Felle wegschwimmen**	Berliner Gerber wässerten ihre Felle in den Flüssen der Stadt. Der Vorgang fand Eingang in die Dichtung (Georg Heym: *Berlin I*, „Rauch, Ruß, Gestank lag auf den schmutzigen Wogen/ Der Gerbereien mit den braunen Fellen.")

HL 68/ U 101	**Bebel und Liebknecht**	August Bebel (1840–1913) und Wilhelm Liebknecht (1826–1900), Begründer der organisierten Sozialdemokratie, Parlamentarier im Deutschen Reichstag. 1886 war Bebel einmal mehr inhaftiert, 1884 Liebknecht aus Berlin ausgewiesen worden. Ab 1892 war Bebel Vorsitzender der SPD, Liebknecht leitete mehrfach die Parteizeitung *Vorwärts*.
HL 71/ U 104	**Berliner Hyänen**	Analog zu „Tiergarten" spontane Bezeichnung für Prostituierte.
HL 72/ U 107	**een dotet Kindeken**	In Hauptmanns Tagebuch findet sich unter dem 14. Juli 1910, Agnetendorf, die Beschreibung eines Traumes seiner Frau Margarete, in dem ihr am 9. Mai 1910 verstorbenes Kind Erasmus wieder lebendig wird. Der Traum knüpfte an einen früheren vom 13. Mai 1910 an: Ein kleines Licht erlosch, aber da sei Hauptmann „mit einem großen Licht" erschienen.[61]
HL 75/ U 111	**Wacht am Rhein**	Berühmtes Lied von Max Schneckenburger (1819–49), das 1840 entstand, als ein europäischer Krieg drohte, in dem Frankreich den Rhein als Grenze beanspruchte. Bekannt wurde das Lied in der Komposition von Karl Wilhelm und mit einem veränderten Text erst richtig 1870. Aus dieser Fassung stammen die drei Verse, die John anschließend singt.
HL 78/ U 114	**Knochenkeller**	In verschiedenen Museen, Kirchen und Klöstern Berlins gibt es Knochenkeller, in denen Skelette aufbewahrt werden. Einer der bekanntesten ist der archäologische Keller in Spandau mit Resten eines Dominikanerklosters. Möglicherweise gab es in der alten Kaserne einen Keller, der eine ähnliche Funktion hatte.

61 Gerhart Hauptmann: *Tagebücher 1906 bis 1913*, S. 263, 261

HL 78/ U 115	**Bolljongkeller**	Um den Schlesischen Bahnhof (Ostbahnhof) war eines der düstersten Großstadt-Milieus „mit ‚Bouillonkellern' (für billigste Speisen war der ‚Hammelkopp-Keller' in der Andreasstraße berühmt), in denen auch die Ganoven und Hehler zu Hause waren"[62].
HL 78/ U 115	**Unser janzet Leben lang**	Berliner Spottgesang, von Hans Ostwald in leicht variierter Form überliefert.[63]
HL 78/ U 115	**Bullenwinkel**	Alt-Berliner Straßenname für einen verdreckten Durchgang zwischen Taubenstraße und Hausvogteiplatz; im Zusammenhang mit den *Ratten* in Hauptmanns Tagebuch am 10. Juli 1910 genannt.[64]
HL 78/ U 116	**Schublade**	In der Gaunersprache (nach dem Grimm'schen Wörterbuch): Vulva, weibliches Geschlechtsteil.
HL 79/ U 117	**Schneiderring**	Vermutlich Fehler, eigentlich „Schneidering": Messer (in der Gaunersprache; nach dem Grimm'schen Wörterbuch).
HL 80, 83/ U 117, 122	**Der Mond hat'n jroßen Hof jehat**	Brunos Beschreibung, die auch Frau John im Traum erreicht, erinnert an eine der letzten Szenen in Georg Büchners *Woyzeck* (Waldsaum am Teich), in der Woyzeck im Zeichen eines rot aufgehenden Mondes Marie mit dem Messer ersticht. Auch die Schlussworte der John im 4. Akt „Ick bin keen Merder!" (HL 80/U 118) erinnern an Woyzecks Frage „Bin ich ein Mörder?"(*Woyzeck*, Szene: Das Wirtshaus). Das trifft auch auf andere Passagen zu, so auf Frau Johns Feststellung: „Jerechtigkeet is noch nich ma oben in Himmel." (HL 86/U 127), die Woyzeck ähnlich formuliert.

---

62 Annemarie Lange: *Das Wilhelminische Berlin. Zwischen Jahrhundertwende und Novemberrevolution.* Berlin: Dietz Verlag, 1976, S. 99

63 Hans Ostwald: *Kultur- und Sittengeschichte Berlins*, Berlin: Klemm, 1924, S. 509

64 Gerhart Hauptmann: *Tagebücher 1906 bis 1913*, S. 262 f.

HL 83/ U 122	**sein Jräbken jesteenicht ham**	Am 15. Juni 1910 notierte Hauptmann den Vorgang als einen Traum Margaretes nach dem Tod des Sohnes Erasmus in sein Tagebuch: „Kinder treiben Unfug um das kleine Grab. Werfen Schollen danach, Steine."[65]
HL 84/ U 123	**Sieh da, sieh da, Timotheus ...**	In Schillers Ballade *Die Kraniche des Ibycus* (entstanden 1797) verraten sich die beiden Mörder des Ibycus durch diesen Satz. Hassenreuter wendet ihn auf eine unpassende Situation an.
HL 84/ U 123	**Subura**	Im antiken Rom ein Stadtviertel der Armen, es hatte keinen guten Ruf, andererseits wohnte auch Cäsar zeitweise dort. Es lag etwa auf halbem Wege zwischen Stazione Termini und dem Kolosseum.
HL 84/ U 124	**odi profanum vulgus**	Ich hasse das gemeine Volk. (Horaz)
HL 87/ U 129	**Engelmachersche**	Früher beschönigende Bezeichnung für Frauen, die Abtreibungen vornahmen oder die zumeist uneheliche Kinder in Pflege nahmen, um sie dann systematisch umkommen zu lassen und sich am Pflegegeld zu bereichern. Um die Vorgänge beobachten und überprüfen zu können, wurde 1879 wieder die Konzessionspflicht für „Kostkinderpflege" eingeführt, um die Engelmacherei auszumerzen. Es war ein Thema der naturalistischen Literatur. Bei Frau Kielbacke handelt es sich um eine Pflegemutter, die im staatlichen Auftrag tätig ist („Landeskindererziehungsheim", HL 58/U 85) und bei der dennoch „von's Dutzend mehrschtens zehn" Pflegekinder (HL 94/U 139) sterben.

65 Gerhart Hauptmann: *Tagebücher 1906 bis 1913*, S. 262

HL 95/ U 139	**Kohlhaas von Kohlhaasen-brück**	Gemeint ist der sein Recht unbedingt erkämpfende Rosshändler Michael Kohlhaas, der in diesem Kampf unterlag und zum Titelhelden der Novelle *Michael Kohlhaas* (1808/1810) von Heinrich von Kleist wurde. Der Ort Kohlhasenbrück (in der Nähe von Potsdam) wurde nach der „Kohlhasenbrück" benannt, unter die 1540 der historische Hans Kohlhase geraubte Silberbarren versenkt haben soll.[66] – Kleist führte seine Hauptgestalt mit den Worten ein: Kohlhaas sei „einer der rechtschaffensten zugleich und entsetzlichsten Menschen seiner Zeit"; ähnlich ließe sich auch Frau John charakterisieren.
HL 95/ U 140	**wahrhaft tragisches Verhängnis**	Die Bestimmung findet sich fast wortwörtlich bei Hegel. Statt der Ständeklausel, die nur hochstehenden Personen tragische Konflikte gestattete, wurde die Tragik seit Lessing auch in anderen Schichten gefunden. Wesentlich für Tragik wurde nach Hegel die Ausweglosigkeit der Situation: Innerhalb einer Kollision sind beide Seiten berechtigt, aber wenn sie zusammenstoßen, schließen sie sich gegenseitig aus. Daraus ergab sich für Hegel: „Ein wahrhaft tragisches Leiden ... wird über die handelnden Individuen nur als Folge ihrer eigenen – ebenso berechtigten als durch ihre Kollision schuldvollen – Tat verhängt, für die sie auch mit ihrem ganzen Selbst einzustehen haben."[67]

---

66 Vgl. Kurt Neheimer: *Der Mann, der Michael Kohlhaas wurde*. Berlin: Buchverlag Der Morgen, 1979, S. 141 f.

67 Georg Wilhelm Friedrich Hegel: *Ästhetik*. Bd. 2. Berlin und Weimar: Aufbau-Verlag, 1965, S. 551

3.6 Stil und Sprache

ZUSAMMENFASSUNG

- → Die Sprache in dem Stück ist eine Mischung aus verschiedenen Dialekten: Berliner Dialekt, Gaunersprache, gebrochener Berliner Dialekt, süddeutscher Dialekt u. a. Dagegen gesetzt wird die Hochsprache der Hassenreuters und Spittas.
- → Naturalistische Sprachgestaltung: Auslassungszeichen ohne grammatische Funktion u. a.
- → Umsetzung von Sprachlosigkeit: Das Verstummen wird episch mitgeteilt.
- → Die dialogische Struktur wird preisgegeben und zerstört.
- → „Windschiefes" Gespräch: Die Menschen sprechen aneinander vorbei, hören nicht zu und reagieren unerwartet.
- → Der Dialog wird von zentralen Metaphern und Symbolen durchzogen: „Ratten", „Geist" und „Gespenster" (HL 7, 12/U 11, 17), aber auch „Stern".

Mischung verschiedener Dialekte

Dialekt – Hochdeutsch – Gaunersprache

Die **Verwendung des Dialekts** war seit den *Webern* ein **Markenzeichen** des Dichters geworden. In den *Ratten* erscheint eine Mischung aus verschiedenen Dialekten: Die Johns sprechen Berliner Dialekt, die Rütterbusch einen süddeutschen, Bruno die Gaunersprache und die Piperkarcka einen gebrochenen Berliner Dialekt. Dagegengesetzt werden die **Hochsprache** der Hassenreuters und Spittas sowie Hassenreuters Bühnendeutsch und seine aufgesetzte Bildung, die durch lateinische Redewendungen ausgewiesen werden soll, die aber ungenau, verstümmelt oder falsch verwendet werden.

Hauptmann setzte Wörter aus der **Gaunersprache** ein wie Lampen (meint: Vorsicht!) und Schuberle (meint: Gespenst), die er aus entsprechenden Büchern bezog. Besonders verbreitet war **Hans Ostwalds** *Rinnsteinsprache. Lexikon der Gauner-, Dirnen- und Landstreichersprache* (Berlin: Harmonie, [1906]), das auch Hauptmann verwendete.[68] Ostwald (1873–1940) war in den literarischen Kreisen der Jahrhundertwende ein bekannter und engagierter Mann, der die Kultur der untersten sozialen Gruppen dokumentierte.

Naturalistische Sprachgestaltung; Umsetzung von Sprachlosigkeit

Mimische Umsetzung der Sprachlosigkeit

Zur naturalistische Sprachgestaltung gehört eine Vielzahl von Zeichen, die keine grammatische Funktion haben, sondern Situationen beschreiben. Das Asthma der Frau Hassenreuter wird durch Wiederholungen, Auslassungen und Punkte ausgedrückt: „Ereignis ... ja ... Ereignis" (HL 26/U 39). Hauptmann setzte Sprachlosigkeit mimisch um, da sie szenischem Geschehen widerspricht. Bei der Begegnung der John mit der Piperkarcka im 2. Akt verstummt die John im Bewusstsein der drohenden Gefahr; sie „erbleicht auf eine unheilverkündende Weise und schweigt" (HL 37/U 56). Das ist szenisch nicht umzusetzen, muss also der Darstellungskraft der Schauspielerin überlassen werden. Regieanmerkungen steigen zur epischen Beschreibung auf. Am Ende des 2. Aktes – Frau John hat erfahren, dass jemand von der Vormundschaft das Kind besichtigen wird – verstummt sie, „seltsam verändert und geistesabwesend" (HL 40/U 60). Es folgt ein umfängliches stummes Spiel, ehe sie dessen Inhalt in die Worte fasst: „Angst! – Sorje! – Da wisst ihr nischt von!" (HL 41/U 61). Noch deutlicher wird das Verstummen am Ende des 4. Aktes: Frau John erfährt, dass sie in einen Mord verwickelt

---

68 Vgl. Hilscher, S. 492

ist. Wiederum verstummt sie und „sinkt in sich zusammen, immer mit dem vergeblichen Versuch, Gebetsworte gegen den Himmel zu richten" (HL 80/U 118). Das Verstummen wird episch mitgeteilt und damit in die Verantwortung der Schauspielerin gegeben.

Aktschlüsse

An den Aktschlüssen wird die dialogische Struktur immer weiter preisgegeben, bis sie am Ende zerstört ist. Am Ende des 1. Aktes steht ein Monolog-Rest Hassenreuters, der mehr ahnen lässt, als ausspricht, und in ein mythisches Umfeld reicht: Hassenreuter will zu seinem „Kobold" (HL 22/U 33). Am Ende des 2. Aktes verstummt Henriette John aus Angst und betritt den Grenzbereich zwischen Wirklichkeit und Wahnsinn. Am Ende des 3. Aktes stirbt das Nachbarkind, „Frau Knobbe scheint die Sprache verloren zu haben" (HL 63/U 93) und Hassenreuter kommentiert den Totenzug wie ein Gott: „Sic eunt fata hominum." (So verlaufen die Schicksale der Menschen, HL 63/U 93). Am Ende des 4. Aktes kann die John keine Gebete mehr sprechen. Am Ende des 5. Aktes hat sich Henriette John das Leben genommen, ist also auch physisch verstummt, Selma kann nur noch in Satzfetzen den Vorgang berichten, um dann den „Herrjott in Himmel" (HL 95/U 140) anzurufen.

Preisgabe des Dialogs – „windschiefes" Gespräch

Menschen sprechen aneinander vorbei

Verluste an Dialogen fallen auch dort auf, wo sie geführt werden: Die Menschen sprechen aneinander vorbei, hören nicht zu und reagieren unerwartet. Gespräche werden unlogisch. Hans Mayer nannte diese Dialoge im Zusammenhang mit Georg Büchner treffend „windschiefes Gespräch"[69]. Das wird in den Äußerungen Brunos besonders deutlich. Sie sind fast nur Wortfetzen nichtgesprochener Monologe, ob Bruno nun warnend „Lampen!" (HL 9/U 13) ausruft oder indirekt einen Mord gesteht: „Heute morjen halb viere hätt'

---

69 Vgl. Hans Mayer: *Außenseiter*. Frankfurt a. M.: Suhrkamp Verlag, 1975, S. 347.

se det Jlockenläuten noch heeren jekonnt." (HL 79/U 116) Das Verstummen, das Verschweigen und die Verkürzungen des Dialogs erfordern ausführliche Regieanmerkungen, die schließlich zu epischen Beschreibungen werden. Das bringt den Übergang zwischen den Gattungen mit sich und weist auf eine Episierung der Dramatik.

Aufwertung der Geräuschkulisse

Dem Verstummen steht eine Aufwertung der Geräuschkulisse gegenüber, auch das ein naturalistisches Element. Geräusche aller Art spielen für die Handlung eine große Rolle: Bruno reagiert auf Geräusche an der Eingangstür (HL 9/U 13), „Berliner Straßenlärm, auch Kindergeschrei aus den Hausfluren ... Leierkastenmusik vom Hof herauf" (HL 11/U 16), „Militärmusik" (HL 81/U 119), „Glocken beginnen wieder zu läuten" (HL 83/U 123) und vieles mehr. Die Geräusche signalisieren Wochentage und Tageszeiten, drücken Bedrohungen aus und kündigen Unheil an.

Metaphern und Symbole

Ratten

Der Dialog wird von Metaphern und Symbolen durchzogen; es dominiert die Metapher „Ratten", die auf unaufhaltsam nahendes Unheil weist, vgl. S. 71 f. der Erläuterungen.

Gespenster

Von ähnlicher Bedeutung sind aber auch „Gespenster" (HL 7, 12/U 11, 17), variiert in „Geist", die an Ibsens *Gespenster* erinnern. Sie gehören seit Hauptmanns Begeisterung für Ibsen, dessen *Gespenster* er in der legendären Vorstellung 1887 sah, zum ständigen Metaphern-Reservoir. Seit der Griechenland-Reise nahmen sie auch den Charakter dämonischer Mächte an. Dabei ist ein „Gespenst" nicht nur eine geisterhafte unwirkliche Gestalt, sondern im Sinne Ibsens ein Wiedergänger, besonders auffallend die „Gespenster" (HL 12/U 17) auf dem Dachboden, zu denen der Kavallerist Sorgenfrei gehört, der sich dort das Leben nahm; der junge Spitta glaubt bei der Begegnung mit leidenden Menschen „Gespenster" (HL 35/U 52), selbst seine in den Tod getriebene Schwester wiederzusehen. Paul John spürt, wie sie in seine vermeintlich heile Welt eindringen: „Bin ick denn hier von Jespenster umjeben? … De Sonne scheint! et is hellichter Tag! … Det kichert, det wispert, det kommt geschlichen! und wenn ick nach jreife, denn is et nischt." (HL 76/U 111 f.)

Stern

Der Begriff „Stern" unterliegt im Stück der Mythenerweiterung: Er wird eingeführt als guter „Stern" (HL 30/U 45), abgeleitet vom Stern des christlichen Weihnachtsmythos. Er wird zum „giftige(n) Stern" (HL 34/U 51) als das Böse und Dunkle vordringt und bleibt ein „feindliche(r) Stern" (HL 57/U 85).

3.7 Interpretationsansätze

ZUSAMMEN-FASSUNG

- → Die Tragikomödie *Die Ratten* als Gegensatz zweier Welten, in denen es eine Vielzahl von Gegensätzen gibt, bestimmend ist der zwischen Theater und Wirklichkeit, der auf soziale Unterschiede gegründet ist.
- → Die Beschreibung der Großstadt trägt expressionistische Züge; die Großstadt wird für Hauptmann zum neuen Mythos, zum Dämon.
- → Antike, christliche und moderne Mythen stehen nebeneinander, bedingen einander auch.
- → Die Bereicherung des antiken Archetypus der Medusa, der todbringenden Frau, erfolgt durch das soziale Moment.
- → Im Kunstgespräch des 3. Aktes stoßen unterschiedliche Ästhetiken zusammen.

Die Tragikomödie als Gegensatz zweier Welten

Welt des Theaters = Komödie, Welt der Unterschicht = Tragödie

Hauptmann bezeichnete das Stück im Untertitel als „Berliner Tragikomödie" und wies in einem Aufsatz selbst darauf hin, dass „die Idee des Dramas … aus dem Gegensatz zweier Welten" bestand und das Drama „diese beiden Welten zum Ausgangsgrund" hatte (CA XI, 809): die Welt des Theaters als die Welt des Komödiantischen, die Welt der sozialen Unterschicht und Deklassierten als die Welt des Tragischen. Das Stück lebt von Gegensätzen, die territorial (Schauplätze), sozial (Schichten), ästhetisch (Kunstauffassungen) und moralisch angelegt sind, aber auch miteinander verflochten sind und ineinander übergehen können.

Welt des Theaters	Welt der unteren Schichten
Dachboden	Wohnung der Johns
Komödie	Tragödie
Bürgertum	Proletariat, Außenseiter
Hochdeutsch	Dialekt und Gaunersprache
Klassik	Naturalismus
Mütterlichkeit Frau Hassenreuters	„Mütterlichkeit" der Knobbe und der Piperkarcka; zwiespältig zu bewertende Mütterlichkeit Jette Johns

Der dominierende Gegensatz ist der zwischen Theater und Wirklichkeit. Im Theater haben sich Erinnerungen an eine glanzvolle Phase der deutschen Literatur erhalten – die Phase zwischen Sturm und Drang und Klassik mit ihrer sozialkritischen Aufbruchsstimmung eines Karl Moor (HL 5/U 7 f.), dem Heldentum der Pappenheimer, dem Freiheitsdenken eines Egmont (HL 18/U 27) und antiker Größe der *Braut von Messina* – in der Wirklichkeit von 1886 ist davon nichts mehr zu spüren. Geblieben sind verstaubte Requisiten.

Hauptmanns Großstadt

Die **Beschreibung der Großstadt** in dem Stück, wie sie in den gleichzeitig entstandenen Gedichten Georg Heyms und Georg Trakls nachzulesen ist, ähnelt dem Expressionismus:

→ der Schrecken der Stadt, die Verbindung mit dem Rattensymbol
→ Verbrecher, Gauner, polizeiliche Ermittlungen, die Dämonisierung der Unterwelt.

Verfall der gesamten Gesellschaft

Aber es gibt einen wesentlichen Unterschied: Die expressionistischen Dichter verbanden mit dem Symbol der Ratte Einzelschicksale; Hauptmann sah die gesamte Gesellschaft einem schicksalhaften Verfall unterworfen. Das schien mögliche Veränderungen auszuschließen. Hauptmanns *Ratten* haben keine Alternative zur Krisenhaftigkeit der Zeit. Nur einmal erscheint ein Zukunftsentwurf. Spitta benutzt ein von Hauptmann gern verwendetes Bild: „In uns liegen die Keime. Der Boden lockert sich schon! Wir sind, wenn auch noch unterirdisch, die künftige Ernte! Wir sind die Zukunft! Die Zeit muss kommen, da wird die ganze weite, schöne Welt unser sein." (HL 71/U 104). Das Bild der keimenden Saat, der bebenden Erde und des aufbrechenden Bodens stammt aus Zolas Roman *Germinal* und beschließt dort die Handlung.[70] Den Roman kannte Hauptmann seit der Arbeit an den *Webern*.

Züge expressionistischer Großstadtdichtung

Hauptmanns Tragikomödie zeigte Züge expressionistischer Großstadtdichtung, obwohl er mit dem Expressionismus kaum Beziehungen und für ihn wenig Verständnis hatte. Doch behielt er wesentliche Unterschiede bei. Die vernichtende Macht der Stadt war ein expressionistisches Thema, angereichert mit dem Thema „Verbrechen". In naturalistischer Manier studierte Hauptmann um 1905 die Großstadt, bedichtete die Berliner Markthalle (*Jacobsohn-Komödie*, CA IX, 341) und notierte sich Details zu „Schlächtergesellen" wie „Schlachter-Ballon-Mützen" (CA IX, 346 f.). *Die Ratten* erschienen wie „Parallelschöpfung zur gleichzeitigen Großstadtdichtung der frühen Expressionisten ...: zur Großstadtlyrik Heyms und Stadlers, zu Kafkas Erzählungen aus der gleichen Entstehungszeit, zu Heinrich Manns *Der Untertan* oder Carl Sternheims Schauspiel *1913*."[71]

---

70 Vgl. Émile Zola: *Germinal*. Berlin: Rütten & Loening, 1955, S. 511

71 Hans Mayer: *Das dramatische Werk Gerhart Hauptmanns*. In: Gerhart Hauptmann: Ausgewählte Werke in acht Bänden. Hrsg. von Hans Mayer. Berlin: Aufbau-Verlag, 1962, 4. Bd., S. 548 f.

Antike und moderne Mythen

Großstadt als moderner Mythos

Die Großstadt wurde für den Dichter ein moderner Mythos, der den überkommenen und vorhandenen Mythen, die Hauptmann immer interessiert hatten, die ihn seit seiner Griechenlandreise 1907 faszinierten, vergleichbar und ähnlich war. So stehen antike und moderne Mythen in den *Ratten* nebeneinander, obwohl Hauptmann manches aus früheren Fassungen später zurücknahm. Die mythischen Züge der John sind dennoch deutlich zu erkennen: Sie wirkt am Ende des 2. Aktes versteinend wie Medusa; sie wurde von Alfred Kerr als „Ate" (vgl. S. 121 der vorliegenden Erläuterung) bezeichnet, als verderbenbringende Göttin der Verblendung. Hauptmann war von mythischen Gestalten fasziniert. Während seiner Griechenlandreise 1907 verstärkte sich diese Faszination zum bleibenden Denkinhalt. In dem mythischen Ensemble wurde die Frau zur Medusa und behauptete sich im Schaffen des Dichters „als todbringende Schicksalsgottheit"[72]. Die sozial klar profilierte Henriette John, Proletarierin, Reinemachefrau und Ehefrau eines Maurers, brachte in Medusa, den Archetypus der todbringenden Frau, das soziale Moment ein, denn Archetypen sind auf Urbilder zurückgeführte Abstraktionen sozialer Verhältnisse. Es vollzog sich eine Verdichtung des Sozialen zur Erfahrung, die weitergegeben werden konnte. Daraus entstand die bleibende Aktualität des Stückes, denn seine Konflikte blieben aktuell. Die Aufwertung der Figuren geschah durch ein komplexes Scheitern: Sie zerbrechen einmal an ihrer Wirklichkeit, die sie zermürbt; sie verlieren aber auch ihre Hoffnungen und utopischen Entwürfe. Am deutlichsten ist das bei Frau John zu erkennen: Sie möchte mit Mann und Kind eine Familie schaffen, die sie ins kleinbürgerliche Milieu aufsteigen lässt; sie möchte aber zum anderen vielfältige Liebe zu Kind, Mann und Familie erfah-

Die John als Medusa, Archetypus der todbringenden Frau

72 Peter Sprengel: *Die Wirklichkeit der Mythen*, S. 185

ren. Beides misslingt und während des Scheiterns bekommt sie mythische Attribute zugeordnet. Hauptmann führt sie so aus der sozialen Wirklichkeit in den Mythos. Das ereignet sich vor allem im 3. Akt. Durch den klassischen Text der *Braut von Messina* wird der Mythos erinnert: Erinnyen, Medusa, Eumenide – Rachegöttinnen und Ungeheuer (HL 43, 45/U 63 f., 66). Danach erscheint Frau John; sie kommt von oben, vom Boden, „mit unnatürlicher Blässe" (HL 48/U 70) und wird von Hassenreuter heiter als Spittas „tragische Muse" (HL 47/U 70) bezeichnet – Melpomene –, tatsächlich aber ist sie schon vorher der Gorgo Medusa ähnlich geworden: „erbleicht auf eine unheilverkündende Weise" (HL 37/U 56), „furchtbar verändert" (HL 39/U 58) und „starr, entgeistert" (HL 39/U 59). Da ihr Mütterlichkeit versagt blieb, wird sie unmenschlich. Das ist die Verallgemeinerung der sozialen Erfahrung.

Das Kunstgespräch im 3. Akt

Klassik und Naturalismus

In der Mitte des Stückes findet das Kunstgespräch zwischen Spitta und Hassenreuter statt, Weimar (HL 21/U 31) und die Berliner „Mulackstraße" (HL 46/U 68) sind Stichworte. Sie stehen für Klassik und Naturalismus. Angewendet auf die Handlung heißt das, in der klassischen Tragödie agiert ein **Subjekt** – der mehrfache Hinweis auf Schillers *Wallenstein* ist dafür bezeichnend –, in einer naturalistischen Tragödie wird das Subjekt zum **Objekt** des Milieus und der sozialen Verhältnisse. Wie Versatzstücke werden Titel gereiht, die einerseits für naturalistische Literatur stehen, andererseits klassische tragische Literatur zitieren. Sie stehen jedoch nicht polar gegeneinander, sondern gehen fließend ineinander über. Der Streit geht unentschieden aus und wird Hauptmann gerecht, der Entscheidungen scheute. Ihm waren beide Auffassungen recht und er konnte mit beiden umgehen.

Spitta und Hassenreuter als zwei Seiten Hauptmanns

Spitta und Hassenreuter erscheinen in dieser Szene wie zwei Seiten des einen Hauptmann: der jugendliche Naturalist und der reife Klassiker. Hassenreuter ist, sieht man ihn nicht als Karikatur, Hauptmann ähnlicher, als es auf den ersten Blick scheint. Es erscheint die Personifikation beider Seiten: die „tragische Muse" (HL 47/U 70) in Gestalt der Henriette John. Quaquaro bringt zudem einen gegenständlichen Beweis für das Nebeneinander von Klassik und Naturalismus: In einem schwedischen Reiterstiefel (ein Requisit aus Schillers *Wallenstein*) steckt ein Kinderfläschchen, „halb mit Milch gefüllt" (HL 48/U 71).

Heute gelten die *Ratten* als ein bedeutendes deutsches Drama und eines der besten Gerhart Hauptmanns. Es führte die naturalistische Gestaltungsmethode in die Gegenwart und gab Figuren aus den unteren Schichten menschliche Größe: „Dem sozialen Unterschied zwischen den unteren und oberen Schichten der Gesellschaft entsprach so der dramaturgische: Fähigkeit und Unfähigkeit zum Drama."[73] Hauptmann vereinte das klassische Stückmodell der Oberschicht und das naturalistische der Unterschicht in einem Stück, bezog die Modelle aufeinander und ließ ihre Grenzen fließend werden.

---

73 Peter Szondi: *Theorie des modernen Dramas*. Frankfurt a. M.: edition suhrkamp Nr. 27, 61969, S. 83

4. REZEPTIONSGESCHICHTE

ZUSAMMEN-FASSUNG

→ Die Uraufführung 1911 hatte eine zwiespältige Wirkung, doch setzte sich das Stück durch.
→ Es gab Protest vom Polizeipräsidenten und Zustimmung von Hauptmanns erster Frau.
→ Inszenierungen von 1916 und 1922 setzten das Stück endgültig durch.
→ Sowohl traditionell arbeitende Regisseure als auch das moderne Regietheater nahmen sich des Stückes an.
→ Das Stück wurde auch durch Film, Fernsehen und Hörspiele verbreitet und wirkte in literarischen Werken von Georg Kaiser über Friedrich Dürrenmatt bis zu Günter Grass nach.

Uraufführung

13. Januar 1911 im Lessingtheater Berlin

Die Uraufführung fand am 13. Januar 1911 im Lessingtheater Berlin (Direktion Otto Brahm) in Anwesenheit des Dichters statt; die Regie hatte Emil Lessing. Die Zensur hatte kaum Einwände, hoffte aber, dass das „scheußliche Machwerk" vom Publikum abgelehnt werde.[74] Henriette John wurde von Else Lehmann gespielt, die seit *Vor Sonnenaufgang* (1889) immer wieder Hauptrollen in Stücken Hauptmanns (*Rose Bernd*, *Griselda*, Mutter Wolffen im *Biberpelz*) übernommen hatte und dadurch bis heute berühmt geblieben ist. Die Wirkung war zwiespältig, „durchgefallen"[75] war das Stück allerdings nicht. Walther Rathenau, Großindustrieller,

---

74 Vgl. Bellmann, S. 80
75 Günther Rühle: *Theater für die Republik im Spiegel der Kritik*. 2. Bd., Berlin: Henschelverlag Kunst und Gesellschaft, 1988, S. 365

Freund Hauptmanns und späterer Außenminister, notierte in sein Tagebuch: „Teilweiser Erfolg, besonders nach II. Akt."[76] Während der Aufführung setzte oft Unruhe ein und das Interesse ließ nach, aber am Ende rief „eine begeisterte, langausharrende Schar jubelnd ihren Dichter"[77]. Die Rezensenten waren nach der Premiere unterschiedlicher Meinung. Größe und Grenzen des Stückes beschrieb **Alfred Kerr** treffend und befand:

Unterschiedliche Meinungen der Rezensenten

> „... es gibt keinen, der mit solcher Großartigkeit im Drama Seelisches in Menschensiedlungen zeichnen könnte. Weder bei uns noch bei den Russen (die so viel von Hauptmann gelernt), noch sonst irgendwo."[78]

Der sozialdemokratische Kritiker Franz Mehring, der nach den *Webern* politische Erwartungen in den Dichter gesetzt hatte und seine Hoffnungen inzwischen mehrfach enttäuscht sah, lehnte das Stück ab:

> „Es besteht aus zwei lose zusammengekoppelten Handlungen: einem Theaterkulissenschwank, wie er in dem ungleich anspruchslosen ‚Raub der Sabinerinnen' viel lustiger gelungen ist, und einigen sentimentalen Schauerszenen voll Mord und Totschlag. Wollte man alle psychologischen Unwahrscheinlichkeiten oder Unmöglichkeiten der dramatischen Handlung aufzählen, so fände man kein Ende, und ebensowenig, wenn man

---

76 Walther Rathenau: *Tagebuch 1907–1922*, hrsg. von Hartmut Pogge von Strandmann. Düsseldorf: Droste, 1967, S. 122

77 Isidor Landau. Berliner Börsen-Courier, Nr. 23, 14. Januar 1911. In: Hugo Fetting (Hrsg.): *Von der Freien Bühne zum Politischen Theater*. Drama und Theater im Spiegel der Kritik. Leipzig: Reclam, 1987 (Universal-Bibliothek Nr. 1140), Bd. 1, S. 417

78 Alfred Kerr: *Die Ratten. Am Morgen nach der Aufführung*. In: Der Tag. Berlin, 15. Januar 1911, Nr. 13. Siehe auch: Alfred Kerr: *Die Welt im Drama*, Bd. 2, Berlin: S. Fischer Verlag, 1917, S. 253

enträtseln wollte, was er mit dem Titel gemeint hat. Vielleicht weiß er es selbst nicht."[79]

Hassenreuter verlangt im Stück von einem Polizisten Schutz und Sicherheit, sonst wende er sich an den Polizeipräsidenten, „ich bin mit Herrn Madai gut bekannt" (HL 59/U 87). Der Polizeipräsident von Jagow protestierte, dass ein „heruntergekommener Schmierenkönig" zu dem ehemaligen Polizeipräsidenten von Madai (Amtszeit 1872–1885) Beziehungen gehabt haben will, empfand das als „Verunglimpfung" des Vorgängers und verlangte die Streichung des Namens. Marie, Hauptmanns erste Frau, lobte das Werk und sah Hassenreuter als Ausgleich zur alles erdrückenden Misere. Sie schrieb ihrem Sohn Eckart am 23. Januar 1911:

Protest des Polizeipräsidenten

Marie ist des Lobes voll

> „*Die Ratten* sind ein ausgezeichnetes Stück! Ich war zweimal darin weil ich einen großen Genuss an ihnen habe! Der Konflikt mit dem Kind ist meisterhaft gezeigt und jeder Mensch lebt und ist wahr bis in den letzten Blutstropfen. Harro Hassenreuter ist prachtvoll! Ohne ihn wäre die Tragik drückend! Er lässt die Seele immer wieder aufatmen!"[80]

Inszenierungen

Nach der Premiere hatte das Stück im Lessingtheater 32 Aufführungen in der Spielzeit. Im gleichen Jahr wurde es in Köln, Stuttgart, München und Leipzig inszeniert. Die Urteile wurden differenzierter. Besonders die Kritik in Österreich vermerkte den sozialen Charakter

---

79 Franz Mehring: *Eine Tragikomödie*. In: Die Neue Zeit, Stuttgart 29 (1911), Bd. 1, S. 760. Siehe auch: Franz Mehring: *Gesammelte Schriften*, Bd. 11, hrsg. von Thomas Höhle u. a., Berlin: Dietz Verlag, 1961, S. 345 f.

80 Elisabeth Südkamp (Hrsg.): *Marie Hauptmann – Eckart Hauptmann. Briefwechsel 1905 bis 1914*. Radebeul: Edition Reintzsch, 2001, S. 245

des Stückes, wie schon in Hauptmanns *Webern* sei auch in den *Ratten* „eine Gesamtheit Held, auch hier ist die Tragödie eines Volkes, besser einer Volksschicht zu sehen“[81].

1916 Wende in der Beurteilung des Stückes

Das Urteil über das Stück änderte sich 1916. Felix Hollaender inszenierte das Stück an der Berliner Volksbühne, die unter der Leitung Max Reinhardts stand. Lucie Höflich spielte die Frau John. Am 23. Dezember war Premiere, Hauptmann anwesend. Kritiker sahen das Stück neu, der „Schaubühnen“-Herausgeber **Siegfried Jacobsohn** (1881–1926) korrigierte seine frühere Ablehnung („Die Schaubühne“, Berlin, Jg. 7, Nr. 3, 19. Januar 1911) in „Das Jahr der Bühne“ (Berlin, Bd. 6, 1916/17, S. 78–85). Aus dem Abstand von sechs Jahren sei ihm nun das richtige Bild entstanden. Die berühmte Inszenierung (Volksbühne am Bülowplatz, Berlin, Regie: Jürgen Fehling) am 10. März 1922 schrieb das Stück **endgültig in den Spielplänen der deutschen Theater** fest. Fördernd kam das Erlebnis der Inflation hinzu, das die soziale Brisanz des Stückes bestätigte und verstärkte; die Novemberrevolution von 1918 hatte den Blick für soziale Widersprüche geschärft.

Hauptmann inszenierte 1931 das Stück am Hessischen Landestheater Darmstadt selbst. Auf den Proben war der Dichter unerbittlich und „quälte die Schauspieler bis aufs Blut, denn er stellte die letzten und höchsten Anforderungen an sie und gab sich nicht zufrieden, ehe nicht jedes Wort so zur Geltung kam, wie er es sich beim Schreiben vorgestellt hatte“[82]; noch 1942 bewunderte der Dichter

---

81 Oskar Maurus Fontane, in: Die Wage (Wien), Jg. 14, Nr. 3, 21. Januar 1911, S. 60–62, zit. bei Bellmann: S. 100 f.

82 Eduard von Winterstein: *Mein Leben und meine Zeit*, Berlin 1947, zit. in: *Gerhart Hauptmann. Leben und Werk*, Ausstellungskatalog, S. 179

das eigene Werk und wünschte: „So etwas möchte ich noch einmal wieder schreiben!"[83]

Im Jahr von Hauptmanns 70. Geburtstag 1932 wurde das Stück elfmal inszeniert. An die Inszenierung Otto Falckenbergs in den Münchener Kammerspielen (Premiere 6. Dezember 1932) erinnerte sich Hauptmann 1943: „Das Werk ist sehr kompliziert, eine Tragödie und eine Komödie sind in ihm unlöslich verschlungen. Neben dem tragischen Ende der Frau John steht der Aufstieg von Direktor Hassenreuter. Die Struktur des Stückes hatte unter der Hand seines Bühnengestalters eine für mich überraschende Klarheit erlangt, die ich bewundern musste."

Zeit des Nationalsozialismus

Danach wurde das Stück bis 1945 verdrängt; den Nationalsozialisten passte das Milieu nicht; Aufführungen waren selten. Die Nationalsozialisten wollten einerseits den Nobelpreisträger Hauptmann für ihre Politik nutzen, aber andererseits den Dichter der *Weber* vergessen machen. In diesem Umkreis erwiesen sich auch die *Ratten* als ungeeignet für sie.

1952, zum 90. Geburtstag des Dichters, häuften sich die Aufführungen des Stückes. In den folgenden Jahren wurde das Stück durchschnittlich fünfmal pro Spielzeit inszeniert, im Jahr des 100. Geburtstages Hauptmanns allerdings siebzehnmal.

Inszenierung von 1997

Auch kleine Theater feierten Erfolge. Am 11. 10. 1997 löste eine Inszenierung (Regie: Klaus Stephan) im Gerhart-Hauptmann-Theater Zittau Begeisterung aus: „Von stürmischem Beifall zu sprechen, wäre untertrieben. Mit nicht enden wollenden Ovationen dankten die Zuschauer dem Gast und dem Ensemble." Der Gast

---

83 C. F. W. Behl: *Zwiesprache mit Gerhart Hauptmann. Tagebuchblätter*. München: Verlag Kurt Desch, 1948, S. 88

war die berühmte Volksschauspielerin Ursula Karusseit; die Inszenierung wurde mit Franz Kafkas Roman *Der Prozess* verglichen: Menschen irrten auf unheimlichen Dachböden umher, waren „in Selbsttäuschungen befangen und mehr leidende Opfer als mit Bewusstheit handelnde Helden. Furchterregendes Getier, Ungeziefer, Käfer, Ratten symbolisieren im Werk beider Schriftsteller die Ängste ihrer literarischen Geschöpfe."[84]

Unterschiedliche Möglichkeiten der Inszenierung

Das Stück ist eines der bedeutendsten der modernen deutschen Dramatik und fester Bestand des Bühnenrepertoires. Regisseure fanden in dem Stück unterschiedliche Möglichkeiten der Inszenierung. Es ließ sich das Dunkle, Mythische, ein bedrückendes Milieu und die ins Asoziale sinkenden Menschen inszenieren, nach wie vor ungelöste soziale Konflikte konnten herausgestellt werden – darin liegt die seit 2000 zunehmende Aktualität des Stückes –, aber es ließ sich auch als Kriminalfall lesen: Fast alle Gestalten haben etwas zu verbergen; manches, wie Brunos soziales Verhalten oder der Kindestausch der John, zeigt kriminelle Energie. Gabriele Gysi – sie inszenierte das Stück 2000 im Chemnitzer Schauspielhaus – entdeckte „gut konstruierte kriminalistische Handlungsstränge, die jeden Krimifan nur beglücken könnten"[85]. 2003 inszenierte Nicolai Sykosch am Bremer Schauspielhaus das Stück ohne größere Eingriffe – das Kunstgespräch ließ er weitgehend weg – und schuf ein „Wunderwerk gediegener Schauspielkunst", „ein kleines Wunderwerk, als sie (die Inszenierung, R. B.) sowohl die Musealisierung als auch die Aktualisierung des Stückes zu vermeiden"[86]

---

84 Heinz Arnold: *Ungeziefer und Ängste*. In: Sächsische Zeitung vom 13. 10. 1997

85 Anne Mechling, befragt Gabriele Gysi: *Gespräch über ‚Die Ratten'*. In: Gerhart-Hauptmann-Blätter. Eine Halbjahresschrift, hrsg. von der Gerhart-Hauptmann-Gesellschaft e. V., Jg. III, Heft I, Zepernick 2001, S. 7

86 Rainer Mammen: *Wunderwerk gediegener Schauspielkunst*. In: Weser-Kurier vom 23. 11. 2003 (Nr. 275)

wusste. Der Regisseur bezog „sehr witzig“ das Regietheater in die kritische Auseinandersetzung zwischen theatralischen Möglichkeiten ein, indem er Hassenreuter „einige Kostproben des modernen, jedem Spaß und Spektakel besinnungslos zujubelnden Regietheaters geben“[87] ließ. – Dass wiederum das Regietheater auch mit dem Stück umzugehen verstand, zeigte Armin Petras Inszenierung am Thalia Theater in Hamburg 2004, in der alle Register gezogen wurden, auch „punktgenaue Blödsinnigkeit“. Am Ende wurde in dieser Inszenierung Hassenreuters Fundus abtransportiert. Der Kritiker Ulrich Seidler beschrieb das:

> „Aus Versehen wird auch Johns Sofa mit hinausgetragen, der am Boden liegenden Henriette zieht man ohne böse Absicht den Kittel aus und packt ihn zu den Kostümen. Nach dem Getümmel ist die Bühne leer und still. Ein Mensch ist übrig geblieben. Man hat ihm die Attribute genommen, ihn aus seiner Rolle geworfen, seine Illusion ausgeknipst. Die Mitmenschen haben die Beziehung gekündigt. Henriette bleibt nur der Abgang. Durchs Fenster. Sie zerklatscht auf dem Boden der Tatsachen.“[88]

Thalheimers Inszenierung von 2007

Gerühmt wurde Michael Thalheimers Inszenierung der *Ratten* (Premiere am 6. Oktober 2007) im Deutschen Theater Berlin, auch auf Gastspielen und durch 3sat bekannt geworden, die wie eine „Menschenmüllpresse“ erschien. Auf der Bühne blieb nur ein Spalt offen, in dem sich die Menschen gebückt bewegen konnten: „Lauter geduckte, gekrümmte Existenzen mit eingezogenen Schultern, die so tun, als sei es normal, ein Leben im Schrumpfformat zu führen.“[89] Es wurden nicht nur Wohnverhältnisse als bedrückend empfunden,

---

87 Ebd.
88 Ulrich Seidler: *Gezinktes Glück*. In: Berliner Zeitung, Nr. 75, vom 29. März 2004 (Feuilleton)
89 Peter Laudenbach: *Geduckte Existenzen*. In: Süddeutsche Zeitung vom 9. Oktober 2007

sondern die gesamte soziale Situation. Das Programmheft gab Hinweise auf zahlreiche weitere literarische Beziehungen, von der Bibel (1. Buch Mose, 30) bis zu Grimms Märchen (Rapunzel).

Nachwirkung der *Ratten* in der literarischen Welt

Die Ratten als Modell für nachfolgende Stücke

Hauptmanns *Ratten* waren das Modell für nachfolgende Stücke. 1923 erschien Georg Kaisers Berliner „Volksstück" *Nebeneinander*. Ein Pfandleiher versucht, in einer feindlich-zerstörenden Welt menschlich zu sein; er will die ihm unbekannte Selbstmörderin Luise vor der Tat bewahren und geht dabei selbst zugrunde. 1928 war Ferdinand Bruckners (d. i. Theodor Tagger, 1891–1958) *Die Verbrecher* ein sensationeller Erfolg, verstärkt dadurch, dass man seinen Verfasser nicht kannte. Auslöser des Stückes waren Mordprozesse und die Frage nach einem neuen Strafrecht. Gespielt wird in einem Haus, das ein Querschnitt durch die Menschheit ist: Auf drei Stockwerken wohnen sieben Parteien.

Einfluss der *Ratten* auf Friedrich Dürrenmatt

Thomas Mann hielt die *Ratten* für Hauptmanns „vielleicht beste(s) Stück"[90]; ihm folgten zahlreiche Literaturwissenschaftler. Eine auffällige Spur der *Ratten* durchzieht das Werk Friedrich Dürrenmatts. Ihm waren die Dichter der Vergangenheit imaginierte Gesprächspartner zum eigenen Werk. Aristophanes, Shakespeare, Wedekind, Strindberg, Hauptmann und Brecht spielten die größte Rolle. Dürrenmatt kamen die *Ratten* als Tragikomödie entgegen, denn er hielt die Welt nicht mehr in der Tragödie für darstellbar. In seinem Buch *Theaterprobleme* (1955) erhob er die Komödie zur einzigen möglichen Bühnenform und meinte damit die Tragikomödie, die dann ihr Ziel erreicht habe, wenn sie ihre „schlimmstmögliche" Wendung nehme. Nach Dürrenmatts Verständnis war in

---

90 Thomas Mann: *Die Entstehung des Doktor Faustus. Roman eines Romans* (1949). In. ders.: Zeit und Werk. Berlin und Weimar: Aufbau-Verlag, 1965, S. 311

Hauptmanns *Ratten* eine solche Wendung eingetreten. Aber auch die Konfrontation unterschiedlicher Schicksale in einem Haus wiederholte sich in Dürrenmatts Werk mehrfach, am deutlichsten in der Erzählung *Das Haus*, in dem die Verlorenen und Gescheiterten Hauptmanns ihre Wiederkehr zu feiern scheinen. Über seine alptraumartigen Texte *Vinter* und *Das Haus* schrieb Dürrenmatt in deutlichem Bezug auf Hauptmanns Thema: „*Vinter* konzipierte ich gleichzeitig mit dem *Haus*, worauf auch die Ratten hinweisen, die in beiden Erzählungen eine Rolle spielen, Tiere, die ich besonders abscheulich finde.“[91]

Günter Grass und die *Ratten*

Günter Grass schilderte in seinem Roman *Die Rättin* (1986) eine düstere Endzeit, die finale Katastrophe, die ebenso in graue Vorzeiten zurückführt, wie sie ins Dunkle des Untergangs vorausweist. Begleitet wurde der Mensch von Beginn an auf diesem Weg von der Ratte:

> „Seit Menschengedenken gehört sie uns an ... Fortan ist sich jegliche Literatur der existierenden Ratte bewußt gewesen. Das Rattige wurde Prinzip. Man nehme den Roman ‚Die Pest‘ zur Hand oder Hauptmanns nach unserem Preisträger – freilich im Plural – benanntes Theaterstück ... Halten wir fest: Zumeist dem menschlichen Elend, der Armut, dem Hunger, dem Grauen, der Krankheit und dem Bedürfnis nach Ekel leibeigen, ist die Ratte bisher nur zu fragwürdigen literarischen Ehren gekommen.“[92]

---

91 Friedrich Dürrenmatt: *Turmbau*. Stoffe IV–IX. Zürich: Diogenes, 1990, S. 191
92 Günter Grass: *Die Rättin*. Reinbek bei Hamburg: Rowohlt Taschenbuch Verlag, 1988, S. 172 f.

Übersetzungen, Verfilmungen, Hörspiele

Übersetzungen

Hauptmanns Stück wurde von Anfang an übersetzt; das hielt bis in die Gegenwart an: 1998 wurde es sogar ins Kroatische, ins Estnische und immer wieder neu auch in die Weltsprachen übersetzt.

Verfilmungen

Das Stück wurde durch andere Medien, als Film und als Fernsehspiel, verbreitet.[93] Die erste Verfilmung 1921 wurde ein filmkünstlerisches Ereignis, aber kein Erfolg.[94] Der Stummfilm, er lief auch in Österreich, Dänemark und den Niederlanden, hatte mit dem Stück wenig zu tun: Der Kriminalfall wurde verstärkt, die Hassenreuter-Handlung verschwand fast völlig. Der Film galt lange als verschollen, ehe Mitte der 1970er Jahre eine Kopie mit niederländischen Untertiteln gefunden wurde, aus der man den Film restaurierte. 1954 gab es in der westdeutschen Presse eine Leserbefragung, ob eine erneute Verfilmung der *Ratten* wünschenswert sei und dem Publikumsgeschmack entspreche. Zwei Drittel der zahlreichen Einsender sprachen sich für eine Verfilmung aus. Der Regisseur Robert Siodmak verlegte die Handlung der Neuverfilmung (1955) in das Berlin der Gegenwart und gab ihr ein Happy-End: Hauptgestalt war nun die Piperkarcka und ihr Kreis, verstanden als ein Flüchtlingsschicksal im geteilten Deutschland. Hauptmanns Witwe Margarete beglückwünschte die Schöpfer zu ihrem Film und bestätigte – opportunistisch wie immer –, dass Hauptmann wohl selbst den Stoff neu gestaltet hätte. Kritiker meinten dagegen, es sei keine Verfilmung der *Ratten*, sondern lediglich Motive wären herausgelöst worden. „Fälschung" und „Lüge" warf man dem Film vor. Er lief weltweit, so in der Sowjetunion und auf den Philippinen, in Argen-

---

93 Vgl. Michael Schaudig: *Literatur im Medienwechsel. Gerhart Hauptmanns Tragikomödie ‚Die Ratten' und ihre Adaptionen für Kino, Hörfunk, Fernsehen.* München: Verlegergemeinschaft Schaudig/Bauer/Ledig, 1992

94 Sigfrid Hoefert: *Gerhart Hauptmann und der Film*. Berlin: Erich Schmidt Verlag, 1996 (Veröffentlichungen der Gerhart-Hauptmann-Gesellschaft e. V., Bd. 7), S. 15

tinien und in Frankreich usw. und wurde mit hohen Auszeichnungen, darunter dem „Goldenen Bären“ (Berlinale 1955), bedacht. Auch Verfilmungen für das Fernsehen folgten 1957, 1959 und 1969.

Hörspiele

Die Ratten wurde eines der am häufigsten für das Hörspiel adaptierten Stücke Hauptmanns: 1950 wurde eine Bearbeitung im Hessischen Rundfunk gesendet, 1962 eine vom Sender RIAS, 1964 eine im Bayerischen Rundfunk und 1976 eine im Rundfunk der DDR. 1957 gab es eine englische und 1958 eine südafrikanische Funkbearbeitung. Dabei spielten die jeweiligen Zeitumstände eine große Rolle; das Stück erwies sich für fast jede sozial-politische Situation seit der Uraufführung als anwendbar.[95]

---

95 Vgl. Sigfrid Hoefert: *Zur Wirkung Gerhart Hauptmanns im Hörspiel*. In: Gerhart Hauptmann „Nu jaja! – Nu nee nee!“. Beiträge eines Colloquiums, hrsg. von Rüdiger Bernhardt. Travemünder Protokolle, Bd. 4. Lübeck-Travemünde: Ostsee-Akademie, 1998, S. 65 f.

5. MATERIALIEN

Aubertins Kritik karikiert *Die Ratten*

Der berühmte Feuilletonist Victor Aubertin (1870–1928), der für die Zeitschriften „Berliner Tageblatt", „Jugend" und „Simplicissimus" schrieb, veröffentlichte in der „Berliner Börsen-Zeitung" eine Kritik, die Hauptmanns Stück karikierte. Er bekannte, aus der „Kinderunterschiebungsaffäre" nicht klug geworden zu sein, und fuhr in feuilletonistischer Zuspitzung fort:

„Es war nur das eine ganz sicher, dass da auf der Bühne immer ein Kinderwagen stand, bisweilen sogar zwei, und dass hinter der Kulisse das Weinen eines Kindes von einem ungesehenen Künstler auf das täuschendste nachgemacht wurde. Schade, dass man den bescheidenen Mann bei seiner Tätigkeit nicht beobachten konnte; man hätte aus diesem trostlosen Abend wenigstens eine heitere Erinnerung mitgenommen. ... Man muss die quälende Langeweile am eigenen Leibe gespürt haben, diese grauenhaften Wiederholungen, diese salzlosen Episoden, dieses verworrene Kommen und Gehen, diese Dagewesenheit jeden Spaßes und jeder Charakternuance.

Nicht ohne eine gewisse Erregung schreibt man solches über einen Dichter hin. Es handelt sich um ein Ereignis, das das ganze deutsche Volk angeht, um die endliche Aufgabe einer Hoffnung in öder dunkler Zeit. Denn: von dem Mann, der dieses Stück schrieb, von dem ist kaum mehr etwas zu erwarten."[96]

Ein Jahr später, 1912, bekam Gerhart Hauptmann den Nobelpreis für Literatur.

---

96 Victor Aubertin. In: Berliner Börsen-Zeitung, Nr. 25, 15. Januar 1911. Abgedruckt in: Hugo Fetting (Hrsg.): *Von der Freien Bühne zum Politischen Theater*. Drama und Theater im Spiegel der Kritik. Leipzig: Reclam, 1987 (Universal-Bibliothek Nr. 1140), Bd. 1, S. 417 f.

Alfred Kerr hatte trotz kritischer Einwände die Bedeutung des Stückes gespürt, wie in seiner Premierenrezension zu lesen ist. Sechs Wochen später ging er ausführlich auf das Werk ein (*Ratten-Glosse*) und erkannte jene Dimension eines neuen Mythos, den anfangs wenige ahnten:

Kerr sieht einen neuen Mythos

„Kein anderer hat einen Polizeibericht so zur Tragödie; ein Stadtbild so zum Drama werden lassen. Auf diesem ... Film recken sich die Unterschichten, man fühlt das Getreib' einer ganzen hinteren Siedlungswelt, mit Kasernen, Treppenfluren, Höfen, Küchenspinden ... Die Aufwartefrau John ist hier zum Hort etlichen Menschenleids geworden: mehr als eine Macbethin, tiefer als eine Macbethin. Und obwohl Hauptmann will, dass man es bemerke, bleibt es doch wahr: sie wirkt ernster als schillerjambische Beatricen und Isabellen.[97]

Golgatha plötzlich in der Weißbiergegend. Um Erbsen, Sauerkohl, Pökelkamm spenstert starr die Ate[98]. Auf einem so flachen Fleck: ein vulkanischer Spalt."[99]

Am 13. Januar 1911 wurde das Werk im Berliner Lessingtheater uraufgeführt. Am 29. Juni 1911 ereignete sich eine der schwersten Brandkatastrophen an jenem Ort, an dem Hauptmanns Stück spielte, in der Mietskaserne Alexanderstr. 10, Ecke Voltairestraße. Die „BZ am Mittag" berichtete:

Bericht der „BZ am Mittag"

---

97 Die Namen gehen auf William Shakespeares *Macbeth* und Friedrich Schillers *Die Braut von Messina* zurück. Donna Isabella ist die Fürstin von Messina, Beatrice ihre im Verborgenen erzogene Tochter.

98 Ate ist eine Tochter des Zeus und eine verderbenbringende Göttin, die Göttin der Verblendung, die des Menschen Geist und Gemüt verwirrt und ihn ins Unglück stürzt. Sie wurde von Zeus aus dem Olymp auf die Erde verbannt.

99 Alfred Kerr: *Ratten-Glosse* (1. März 1911). In: Alfred Kerr: Die Welt im Drama, Bd. 2. Berlin: S. Fischer Verlag, 1917, S. 247 f.

„50 Mietsparteien schwebten in höchster Lebensgefahr. Über 20 Jahre hatte der Militärfiskus das Gebäude anderweitig verwendet. Anfang der neunziger Jahre (sic!) aber wurde es einem Generalpächter übergeben, der daraus ein Mietshaus machte, ohne es umzubauen. In der ersten und zweiten Etage sind die ehemaligen Mannschaftsstuben in Wohnungen umgewandelt worden. Darin ist es fürchterlich. Korridore, die am Tage so dunkel sind, dass ein Uneingeweihter keinen Schritt nach vorwärts machen kann und dass die Feuerwehr Brandfackeln mitnehmen musste, um in den langen Korridoren überhaupt vorwärts kommen zu können. Ein verfaulter Holzboden, auf dem man fortwährend auf Hindernisse stößt. In diese finsteren Korridore, die bei Nacht nur ganz notdürftig durch kleine Petroleumlampen beleuchtet werden, münden die vielen Mannschaftsstuben und jetzigen Wohnungen. Große, schlechtschließende, mitunter halbverfaulte Türen ... In diesen Korridoren und armseligen Löchern wimmelt es von Menschen. Dieses Haus ist übrigens, so behauptete man, der Schauplatz, auf dem Gerhart Hauptmanns Tragikomödie *Die Ratten* spielt."[100]

Mühsams Tagebucheintrag zu den *Ratten*

Nach der Premiere des Stückes im Mai 1911 in München schrieb der anarchistische Schriftsteller Erich Mühsam in sein Tagebuch:

„*Die Ratten* von Hauptmann sind ein wunderschönes Stück. ... Vielleicht die beste Tragikomödie, die in deutscher Sprache geschrieben ist. Der Vorwurf selbst ist ungeheuer stark. Eine Frau, die sich nach einem Kind namenlos sehnt – ihr erstes ist gestorben – nimmt eines von einem polnischen Dienstmädchen in Pflege ... Das Durcheinander von Groteske und Tragödie ist wundervoll gestaltet. Jede Figur

100 Meldung aus der BZ am Mittag vom 29. 7. 1911, öfters zit., auch in: Programmheft *Die Ratten*, Landestheater Halle, Spielzeit 1974/75, Heft 6

ist prächtig gelungen, dabei – bei einer Szene, wo der Direktor mit seinen Schülern die *Braut von Messina* studiert – eine wunderfeine, im Stück völlig begründete theoretische Kontroverse zwischen Klassizismus und Naturalismus. Das Berliner Milieu, Sprache, Charakter der Menschen – einer der schönsten Hauptmanns."[101]

Tucholskys Glosse *Quaquaro*

Kurt Tucholsky schrieb 1922 für die „Weltbühne" eine Glosse *Quaquaro*, die auch interessante Einsichten für die Bedeutung der *Ratten* enthielt:

„Er (Quaquaro, R. B.) tritt nur viermal auf und hat nicht allzuviel zu sagen, er ist eine Nebenfigur, ein Thema des Fagotts im großen Berliner Orchester dieses grandiosen Stücks, eine sogenannte Charge ... Alles ist vorgeschrieben: Kostüm, Tonfall, Auftreten – das ist nicht allzuschwer zu spielen. Einen gemeinen, viereckigen Kopf, den Scheitel in der Mitte, eine versoffene Neese, die Stimme heiser vom Brüllen und Saufen, krummer Rücken, schleichender Gang ... Er ist Vizewirt des Hauses, also Vertreter der hausherrlichen Gewalt. Aber kein Hauspascha der schlimmsten Zeit kann so gemein und rücksichtslos sein wie der da. Der Wirt wusste, warum er ihn einsetzte. Er hat das ‚Pack' im Zug! Stammt er doch aus ihrer Mitte, und weil er einer von ihnen ist, tobt er sich wilder aus, als ein ganzer Hausbesitzer-Konzern dazu imstande wäre. Niemand kann so tief verletzten wie der eigne Kastengenosse, kennt er doch die verletzlichsten Stellen am besten – weiß er doch, was schmerzt. Und die halbe Stufe, die er höher steht, will betont sein. Und Quaquaro betont sie. Ein pathosloser Schweinehund."[102]

---

101 Erich Mühsam: *Tagebücher*. Band 1 1910–1911, hrsg. von Chris Hirte und Conrad Piens. Berlin: Verbrecher Verlag, 2011, S. 102

102 Kurt Tucholsky: *Quaquaro*. In: ders.: Ein Pyrenäenbuch. Auswahl 1920 bis 1923. Band 2. Berlin: Verlag Volk und Welt, 1969, S. 425

6. PRÜFUNGSAUFGABEN MIT MUSTERLÖSUNGEN

Unter www.königserläuterungen.de/download finden Sie im Internet zwei weitere Aufgaben mit Musterlösungen.

Die Zahl der Sternchen bezeichnet das Anforderungsniveau der jeweiligen Aufgabe.

Aufgabe 1 *

Beschreiben Sie die sozialen Unterscheidungen, die in dem Stück vorgenommen werden.

Mögliche Lösung in knapper Fassung:

BESCHREIBUNG DER SOZIALEN UNTERSCHEIDUNGEN

Die Ratten (1911) bestätigten Gerhart Hauptmanns Ruhm, der seit dem Bühnenskandal seines Stückes *Vor Sonnenaufgang* 1889 existierte. Der Skandal, den die Premiere 1889 auslöste, war die Folge einer sozialen Analyse, die so noch nie gegeben worden war. Durch *Die Weber* (1893) war derDichter weltberühmt geworden und ist es geblieben. Auch hier beeindruckte die soziale Analyse, die Hauptmann gab. In beiden Fällen wurde der Sozialstatus mit der geregelten, gesicherten und gesellschaftlich erforderlichen Arbeit verbunden. Arbeit war deutlich Voraussetzung für Menschsein. Löste sich dieser Zusammenhang auf – die Bauern hörten in *Vor Sonnenaufgang* auf, Bauern zu sein, und lebten vom Kapital, die *Weber* verloren ihre Arbeit durch moderne Technik und damit ihre gesicherte Lebensbedingungen – kam es zum Zerfall des gesellschaftlichen Gefüges, der moralischen Normen und zu vordringender Kriminalität.

Die Ratten gelten als perfektes Meisterstück eines naturalistischen Dramas im Kleid aristotelischer Dramaturgie. Beachtet wurde die auffällige literarische Gestaltung ebenso wie Hauptmanns Interesse für die unterste Schicht der Gesellschaft, bei der die Bindung an den Arbeitsprozess lose und im gleichen Maß die Neigung zum Verbrechen größer wurde. Auch aus dieser immer wieder aktuellen Perspektive erscheint das Stück nach anfänglich zurückhaltendem Interesse heute als Hauptmanns wichtigster Beitrag zum modernen Drama, wie Thomas Mann es voraussagte. Das Stück *Die Ratten* gehört zu den meistaufgeführten Schauspielen des Dichters und erlebt jährlich durchschnittlich fünf Inszenierungen in Deutschland. Es hat eine kaum überschaubare Zahl von Interpretationen hervorgerufen.

Immer wieder wird auf die beiden Handlungen hingewiesen, die sich in dem Stück abspielen. Schon aus dieser Struktur lässt sich eine soziale Spannung ablesen: Auf dem Dachboden der Mietskaserne in der Nähe des Alexanderplatzes, im Osten Berlins, hat der ehemalige Schauspieldirektor Hassenreuter seinen Fundus untergebracht, dort trifft er sich auch mit seiner Geliebten und geht dem Geschäft des Kostümverleihers nach. Er wohnt allerdings im Westen der Stadt; das ist die Gegend der Reichen und Neureichen, die sich nach der Reichsgründung 1871 entwickelte. Der „Zug nach dem Westen" wurde zum geflügelten Wort und bedeutete, den sozialen Unterschied zu betonen: Während die wohlhabenden Bürger oder die mindestens einen solchen Schein verbreitenden Hassenreuters nach dem Westen strebten, wohnten die Proletarier bevorzugt im Osten. Ein Beispiel für dieses Wohnen ist die Mietskaserne, in der die Handlung spielt. Hier vereinen sich unterschiedliche Stufen des Proletariats: Die Johns verkörpern ein Proletariat, das nach kleinbürgerlicher Solidität und Geborgenheit strebt. Dazu gehört neben gesicherter Arbeit – beide Johns sind berufstätig – auch ein Kind, die Wohnung in besserer Wohngegend – John kündigt die Wohnung in der Mietskaserne, da er in eine bessere Gegend ziehen will – und einwandfreies Verhalten. Indem Henriette John dieses Verhalten nicht einhält, weil sie um das Kind kämpft – sie selbst kann keine Kinder mehr bekommen und ihr erstes ist gestorben –, setzt sie alle Trümpfe aufs Spiel und verliert. Unterschicht ist auch Quaquaro, der jedoch die andere Seite repräsentiert: Er neigt zu Denunziation und Verrat. Die vollständige Ausbildung dieses Typs findet sich in Bruno, der seine kriminellen Veranlagungen als Mörder umsetzt. So bleibt als einzige die Piperkarcka moralisch fast einwandfrei und sozial proletarisch; aber gerade sie gerät dadurch zwischen die verschiedenen Kräfte und geht unter. Das auch andere Schichten nicht vor dem sozialen Absturz ins Proletariat oder gar in die unterste Schicht geschützt sind, macht das Beispiel der Knobbe deutlich: Nur ihr Bericht weist ihre adlige Herkunft aus; wie weit er stimmt, ist ungewiss. Da aber ihre angebliche Herkunft und ihre aktuelle Situation einander nicht entsprechen, sie also ihr Geld auf teilweise kriminelle Weise verdient – als Zuhälterin und Dealerin –, stürzt sie ins Asoziale. Sie alle wohnen oder besser hausen in der Mietskaserne, repräsentieren die sozialen Unterschichten und sind für die Oberschicht notwendige dienstbare Geister. Die Oberschicht kommt nur zeitweise in diesen Bereich, ihre Wohnung hat sie im Westen oder auf dem Lande (Spitta). Da aber sowohl ein Kostümverleih als auch Schauspielunterricht nicht zu den sozialen Merkmalen der Oberschicht gehören, werden beide in der Mietskaserne im Osten abgewickelt, auch wenn man dadurch lange Fahrten auf sich nehmen muss. Hassenreuter ist fast eine Stunde vom Prinzen in „diese verfluchte Gegend" (HL 14/U 21) gefahren, findet man doch in der Mietskaserne das nötige Personal: Hausmeister und Reinemachefrau. Die Schauspieler sind nur bedingt Oberschicht; sie spielen diese vor allem. Allerdings haben sie als Künstler Zugang zu der Oberschicht und bringen Vorstellungen von dort mit in ihre Welt. Ordnet man auf dieser Grundlage die handelnden oder genannten Personen, ergibt sich eine soziale Gesamtstruktur. Sie reicht vom Kaiser persönlich über die Repräsentanten der Macht – Prinzen, Polizeipräsident und Fürst Statthalter – über Zwischenstufen des hohen und niederen Adels – im Umfeld der Knobbe – und der Intelligenz – Pastor und Studenten – zu Soldaten, Polizisten und allenfalls noch Beamten (Standesbeamte). So weit reicht die Machtpyramide von oben nach unten. Darunter befindet sich ihr breites Fundament: Hier lebt das Proletariat mit den verschiedenen Abstufungen, die sich aus dem Verhältnis zur Arbeit ergeben: der Maurer, der Meister, der Polier. Diejenigen aber, die ihren ständigen Kontakt zur Arbeit verloren haben und sich durchs Leben schlagen müssen, stürzen gänzlich ab und landen in der Asozialität: Verbrecher, Prostituierte, Süchtige. Der Zusammenhang zwischen gesicherter Stellung im Sozialgefüge und regelmäßiger Arbeit ist in dem Stück an jeder Person erkennbar.

Aufgabe 2 ***

Beschreiben Sie die mythische Weltsicht des Dichters in der Tragikomödie *Die Ratten*.

Mögliche Lösung in knapper Fassung:

Hauptmanns Griechenlandreise von 1907 wirkte sich auf das Stück aus. Der Dichter entwickelte eine dauerhafte Schicksalsgläubigkeit. Die „Menschenseele" habe nur Schicksal und Götter über sich, die letztlich den Menschen beherrschen und ihrem Entschluss unterwerfen würden. Das betreffe auch den Dichter. In der Endfassung der *Ratten* ist diese Schicksalsgläubigkeit zurückgenommen, aber immer noch erkennbar.

DIE MYTHISCHE WELTSICHT GERHART HAUPTMANNS

Der Beginn der Tragikomödie lässt sich als ironisch betrachtete säkulare Weltschöpfung lesen. Auf dem dunklen (chaotischen) Dachboden handeln Kräfte von draußen, die ihr munteres Spiel treiben: die Piperkarcka und Bruno, Walburga und Spitta. Als der Theaterdirektor Hassenreuter erscheint – der Zeus dieses Dachbodens – kommt leidlich Ordnung in das Treiben. Gegensätzliche Welten stoßen aufeinander: die Welt des Theaters und die Welt der Gewalt. Dazwischen bewegen sich alltägliche Menschen wie die Johns und geraten zwischen die Fronten der unvereinbaren Gegensätze. Als die John erfährt, dass ihr Schicksal anders verläuft als von ihr vorgesehen, wird sie zur furchtbaren Rächerin, die erstarrt (HL 40 f./U 59), sich „furchtbar verändert" (HL 39/U 58) und in Wahnsinn zu verfallen droht. In diesem Zustand wird sie mit der Welt der antiken Götter und des göttlichen Schicksals konfrontiert, die durch Zitate entwickelt wird. Es handelt sich um Zitatmontagen aus Friedrich Schillers *Die Braut von Messina*, einem nach aristotelischen Regeln streng gebauten Stück der Klassik, in dem sich eine große Schicksalstragödie ereignet. Dagegen gesetzt ist die von sozialen Mächten determinierte Welt der Menschen in den unteren Etagen. In einem solchen Umfeld gehört die Aufmerksamkeit den Göttern und ihrem Umgang mit den Menschen, als komödiantische Variante erscheint Hassenreuter als Gott und herrscht über die Bewohner der Welt (des Mietshauses); er bezeichnet den Dachboden als seine „Katakomben", das sind die Begräbnisstätten der frühen Christen. Wie schon in den *Webern* verzichtete der Dichter auf einen einzelnen Helden; an seine Stelle treten die Mieter der Kaserne und die nur hin und wieder die Menschen besuchenden Götter, die wie die Hassenreuters von außerhalb kommen. An die Stelle des Einzelhelden tritt der Gemeinschaftsheld. Berthold Viertel inszenierte das Stück 1952 am Wiener Burgtheater, für ihn war „der Held des Stückes das Berlin von damals ..., oder vielmehr dieses bestimmte Vorderhaus, ehemalige Kaserne, mit seinen Menschen und mit seinen Ratten"[103]. Es war ein ruheloses Haus, in dem es keinen wirklichen Frieden, sondern nur Spannungen gab. Zum Wettkampf im antiken Sinne wird der 3. Akt. Das Theaterspiel über das antike Schicksal trifft auf die Alltagsspiele der Menschen. Zu unterscheiden dabei ist, dass Theater einmal wirklich Theater ist (Hassenreuter), das andere Theater aber als Wirklichkeit erscheinen möchte (John). Die beiden personalen und räumlichen Ebenen werden als eine textliche Konfrontation umgesetzt. Darin wird detailliert beschriebene und zeitlich genau zu fixierende Wirklichkeit mit künstlerischer Überhöhung kontrastiert. Das wird zu Beginn des Aktes besonders auffallend: Im verstaubten und mit Ablagen vollgestellten Dachgeschoss rezitieren die Schauspielschüler „mit gewaltiger Pathetik" .Sie huldigen mit Versen aus Friedrich Schillers *Die Braut von Messina* einer „prangende(n) Halle", die der „Herrscher fürstliche Wiege" ist, und dem „säulengetragene(n) herrliche(n) Dach" (HL 42/U 62). Bei Schiller ist der Ort mit Säulenhalle, Flügeltüren und Kapelle ausgestattet. Ein heroisches (antikes) Spiel findet in einer abgewirtschafteten, verkommenen (fiktiven) Wirklichkeit statt. Erinnyen und Eumeniden – identische Göttinnen, nur verschieden umschrieben –, Medusen und tragische Chöre schaffen eine Szenerie, in die als „tragische Muse" Henriette John eintritt. Die pathetischen Chöre aus heroischer Vergangenheit gehen nahtlos in eine tragische Geschichte der Gegenwart über, den Kampf zweier Mütter – Piperkarcka und Jette John – um ihr Kind. Hauptmann führte Schillers Theorie fort: Hatte sich die „alte Tragödie" „nur mit Göttern, Helden und Königen" abgegeben, musste der „neuere Tragiker" „die moderne gemeine (allgemeine, R. B.) Welt"

---

103 Berthold Viertel: *Schriften zum Theater*. Berlin: Henschelverlag Kunst und Gesellschaft, 1970, S. 69

poetisch so verwandeln, dass sie wieder die Größe der „alten Tragödie" (Schiller) erreicht. Hauptmann (Spitta) setzte fort, dass auch die gegenwärtige Welt, nun wirklich mit Zügen des „Gemeinen", die Tradition des Tragischen nahtlos weiterführe. Die alte Götterwelt bekommt Zuwachs durch Henriette John, die von Hassenreuter als „tragische Muse" (HL 47/U 70) lächerlich gemacht wird, aber den im Schauspiel beschworenen Medusen entspricht. Die Versuche, die Arbeit an der *Braut von Messina* fortzusetzen, scheitern, denn die aktuelle Wirklichkeit dringt unaufhaltsam ein und übernimmt statt des antiken Geschehens die Handlung. Hassenreuter bleibt nur noch die Feststellung, dass ihr Unterricht „heute unter einem feindlichen Stern" (HL 57/U 85) stehe, womit nochmals das Schicksal beschworen wird.

Das Stück endet im Tod: Zwei Mütter sterben, die eine wird ermordet, die andere stürzt sich in den Tod. Dazwischen wird an das archaische Schicksal erinnert, das Spitta nochmals erwähnt, sei doch „hier ein wahrhaft tragisches Verhängnis wirksam gewesen" (HL 95/U 140). Er knüpft an das Kunstgespräch zwischen Hassenreuter und ihm im 3. Akt an: Der Theaterdirektor hatte die Tragödie nur mythischen Schicksalen zugebilligt; Beispiele waren für ihn Lady Macbeth und König Lear. Spitta hatte dem entgegengehalten, dass auch die niederen Stände in Tragödien agieren könnten. Nun hatte das mythische Schicksal seinen Platz in der naturalistischen Kunsttheorie gefunden. Die Tragödie war aus ihrer ständischen Beschränkung gelöst und für das alltägliche Leben anwendbar geworden. Die Götter des Himmels sind in die Niederungen des Alltags getreten. Das war auch eine Stellungnahme Hauptmanns zu Nietzsches Vorstellungen vom Übermenschen und Nietzsches Herleitung der Tragödie aus Musik und antikem Chor. Hauptmanns Tragödie entstand nicht in der antiken Säulenhalle, sondern in der von Ratten befallenen, unordentlichen Mietskaserne, nicht vor den rhythmischen Versen des antiken Chores, sondern im Berliner Dialekt bzw. den sprachlich zerrütteten Wortfetzen aus Piperkarckas Sprachchaos und Brunos Gaunersprache.

Aufgabe 3 **

Beschreiben Sie den Kampf der Mütter um das Kind als ethische und als literarische Konstellation.

Mögliche Lösung in knapper Fassung:

KAMPF DER MÜTTER UM DAS KIND

Henriette John hat vor drei Jahren ein acht Tage altes Kind durch Diphtherie verloren und ist, alles deutet darauf hin, seither nicht mehr in der Lage, Kinder zu bekommen. Sie beobachtet langfristig junge Frauen, die schwanger sind und Zeichen von Verzweiflung, „Himmelsangst" (HL 9/U 13), zeigen. Das schwangere polnische Dienstmädchen Piperkarcka ist in ihren Blick geraten, sie hat sie „jeholt bei Schneejestöber" (HL 38/U 56). Piperkarcka verkauft ihr Kind an die John, die es als eigenes aufziehen will. Kurze Zeit später möchte Piperkarcka den Verkauf des Kindes rückgängig machen, weil sie mit dem Kind eine Chance zu haben glaubt, ihren Verführer zur Heirat zu zwingen: „Nu muss er mir heiraten!" (HL 39/U 58) Auch die John benötigt das Kind, um ihre Ehe zu stabilisieren und jeden Trennungsgedanken ihre Mannes zu verhindern („... ohne Kinder! denn kricht er Jedanken!", HL 27/U 40); dennoch überwiegt von Beginn an die Sorge um das Kind, dem sie Aufmerksamkeit und gute Erziehung angedeihen lassen will. Die Konstellation ist eindeutig: Henriette John, die nicht die Mutter des Kindes ist, möchte mütterlich sein; Pauline Piperkarcka, die die Mutter ist, handelt nicht mütterlich, sondern berechnend. Damit steht die Frage, wer für das Neugeborene die richtige Mutter ist: die Mütterliche oder die leibliche Mutter. Die Frage ist nicht neu, sondern durchzieht die Weltliteratur seit ihren Anfängen.

Das Thema ist uralt und geht bis auf die Bibel zurück: ein Kind zwischen zwei Müttern. Die Kontrahenten Spitta und Hasssenreuter kommen am Ende auf dieses Beispiel zurück. Spitta erwägt, was er tun würde, wäre er „Richter in Israel" (HL 94/U 139); er spielt damit auf das salomonische Urteil an, das schon einmal im Gespräch zwischen Hassenreuter und Spitta erwähnt wurde. Sie hatten es aber auf das falsche Kind bezogen: Es war der Streit um das Kind der Knobbe, das während des Streites zwischen Piperkarcka und Knobbe starb. Hassenreuter glaubte, eine höhere Macht habe „ein wahrhaft salomonisches Urteil gesprochen" (HL 62/U 93). König Salomo hatte einen Streit zwischen zwei Frauen entschieden, die sich um ein Kind stritten, indem er drohte, das Kind mit dem Schwert zu zerteilen (1. Könige 3, 17–28), damit jede der Frauen einen Teil des Kindes bekäme. Die richtige Mutter entschied sich gegen ihr Kind und wollte es lieber der anderen Frau überlassen, als dass es getötet wird. Salomo erkannte so die richtige Mutter. In vorliegendem Fall wird das salomonische Urteil vollstreckt, denn das Kind ist tot; damit aber hat keine der beiden Frauen das Kind, nicht einmal einen Teil.

Das in der Bibel vorgebildete Geschehen fand vielfältige Variationen in der Weltliteratur; bekannt wurde der sogenannte chinesische Kreidekreis. In einer Geschichte aus dem alten China (um 1300) stellte ein Richter das Kind in einen Kreidekreis mit der Maßgabe, die Mütter sollen das Kind aus diesem herausziehen. Der Richter erkennt die richtige Mutter daran, dass sie auf die Kraftprobe verzichtet, um dem Kind keine Schmerzen zuzufügen. Dazu entstand eine berühmte Variante: Brecht beschrieb in seinem *Kaukasischen Kreidekreis* (UA 1948) die andere Lösung, bei der die Pflegemutter verzichtete, das Kind aus dem Kreis zu ziehen, weil sie die mütterlichere der beiden Frauen ist. Die biologische Zusammengehörigkeit wurde durch die soziale ersetzt. Auch Hauptmann tendierte zu einer ähnlichen Lösung: Seine Henriette John ist in jeder Hinsicht die Mütterlichere, die Piperkarcka möchte allein ihre eigenen Ziele mit Hilfe des Kindes durchsetzen. Das Mütterliche der John wird aber durch ihre kriminelle Energie eingeschränkt und schließlich vernichtet. Der Konflikt im Hauptmann'schen Mütterstreit wird letztendlich nicht gelöst, sondern hebt sich auf, weil die wirkliche Mutter ermordet wird und die vorgebliche Mutter sich aus dem Fenster stürzt. Die negativste Möglichkeit tritt damit ein, denn das Kind bleibt ohne Mutter und eine Mütterliche zurück.

Hauptmanns Tragikomödie zeichnet sich dadurch aus, dass sie zwei Beispiele für die Kreidekreis-Problematik bietet. Die Piperkarcka und die Knobbe streiten sich um das Kind der Knobbe; in diesem Fall haben beide wenig Mütterliches an sich und so ist die Lösung, dass das Kind während des Streites stirbt, eine beruhigende. Im Streit zwischen der John und der Piperkarcka jedoch ist eine Lösung im Bereich des Möglichen, wie sie auch beim tatsächlichen Fall getroffen wurde, den Hauptmann aus der Zeitung erfahren hatte: Eine kinderlose Frau schob einem Vormund ein anderes Kind unter. Der Fall wurde geklärt und die Frau musste wegen der zweiten Entführung eine Woche ins Gefängnis. Die kinderlosen Eheleute bekamen das Kind des Dienstmädchens schließlich zugesprochen und hingen mit großer Liebe an ihm. In dem Zeitungsbericht bekam also die Mütterliche das Kind, das sie wie eine Mutter aufziehen konnte. In Hauptmanns Tragikomödie bleibt die vage Hoffnung, Hassenreuter könnte sich trotz der Warnung Quaquaros des Kindes annehmen.

Aufgabe 4 ***

Leiten Sie aus den Handlungsräumen den sozialen Charakter der Handlung ab.

Mögliche Lösung in knapper Fassung:

HANDLUNGSRÄUME → SOZIALER CHARAKTER DER HANDLUNG

Die Premiere der Tragikomödie *Die Ratten* von Gerhart Hauptmann fand am 13. Januar 1911 im Berliner Lessing-Theater statt. Die Kritik nahm die Uraufführung zwiespältig auf. Die Zensur, die das Stück bis auf einen Strich genehmigt hatte, hoffte auf die Ablehnung des Publikums. Die blieb aus. Das Stück wurde noch 31-mal in der laufenden Spielzeit wiederholt; andere Theater in Deutschland spielten es erfolgreich nach und so ergab sich: Das Jahr 1911 gehörte Gerhart Hauptmanns Tragikomödie *Die Ratten*. Die Kritiker störten sich am Titel, den sie angeblich nicht begriffen, und an den Handlungsorten, die, auf zwei verschiedenen Ebenen liegend, zu konstruiert seien. Dass die beiden Handlungsräume nicht nur unterschiedlichen Personengruppen als Spielstätte dienen, sondern auch den sozialen Charakter des Stückes kennzeichnen, fiel zuerst nicht auf.

Erst einige österreichische Kritiker wiesen darauf hin, dass in dem Stück „die Tragödie eines Volkes, besser einer Volksschicht zu sehen" sei. Dabei macht die Metapher der Ratten den sozialen Charakter deutlich: Er wird bestimmt durch sozialen Niedergang der proletarischen Schichten, Zerstörung und Verfall ihrer Lebensverhältnisse, in den auch menschliche Verhältnisse einbezogen werden. Dieser Niedergang wird auf der Bühne deutlich in den unterschiedlichen Handlungsräumen: Die Bürgerlichen, die sich nur zeitweise in der Mietskaserne aufhalten, nehmen das Dachgeschoss ein, das aber keinen Himmel über sich ahnen lässt, sondern zu einem finsteren Geschoss gerät. Die Unterschicht nimmt die zweite Etage ein, in der von den Johns versucht wird, ein menschenwürdiges Leben zu führen. Ordnet man diese Handlungsräume des Stückes den erwähnten Umgebungen zu, gehören zum Theaterfundus Hassenreuters Empfänge beim Prinzen in Potsdam, Spaziergänge am Bahnhof Zoo, Begegnungen auf Reitwegen und Wohnungen im Westen der Stadt. Dagegen bewegen sich die Bewohner des Miethauses bevorzugt um den Alexanderplatz, an der Normaluhr und in der gerade neu eröffneten Markthalle im Osten der Stadt. Stehen die einen Orte für den bürgerlichen Westen, so die anderen für den proletarischen Osten. Der soziale Charakter des Stückes ist durch Handlungsräume und Örtlichkeiten vorgegeben. Dass diese spannungsreich-widersprüchliche Sozialstruktur zum gleichen gesellschaftlichen Umfeld gehört, macht das Stück in einem Detail deutlich: Die Geliebte des Direktors und der Kriminelle Bruno, beide an den Rändern der sozialen Gruppen von Bürgerlichen und Proletariern stehend, erleben den Auftritt des für beide Gruppen verantwortlichen Herrschers, den Kaiser (HL 7, 18/U 11, 26).

Als die Berliner Inszenierung in Gastspielen 1912 in Prag und Wien gezeigt wurde, erkannten Kritiker und andere Zeitgenossen diesen sozialen Gegensatz, den Hauptmann seinem Stück zu Grunde gelegt hatte: Der gescheiterte Theaterdirektor Hassenreuter repräsentiert eine auf bloßen Schein orientierte Bürgerlichkeit, trauert seiner „reichsländischen Direktionsperiode" nach, protzt mit Prinzen und Politikern, mit denen er am Tisch sitzt, und umschreibt einen dubiosen Niedergang, der wahrscheinlich mit finanzpolitischen Manipulationen zu tun hat. Auf der anderen Seite stehen Proletarier wie z. B. die Johns und Bruno Mechelke, die zum Kleinbürgertum oder zum Asozialen tendieren. Ausschlaggebend für ihren Status sind Arbeit und Lohn. Hauptmann hatte ihnen getrennte Bereiche geschaffen: in der gleichen Mietskaserne einen Dachboden mit dem Fundus des Theaterdirektors, in dem Frau John putzen darf, und dem zweiten Stock der Mietskaserne, in dem die Johns leben und Hassenreuter zu hoheitsvollem Besuch kommt. Aus den beiden gegensätzlichen Handlungsorten entstand auch der tragikomische Charakter des Stückes. Dahinter war der Gegensatz von Osten und Westen Berlins deutlich zu erkennen: Berlin, erst 1871 Reichshauptstadt geworden, platzte aus allen Nähten: Während im Osten besagte Mietskasernen immer dichter besiedelt wurden und auch alte Militärkasernen zu Wohnzwecken dienten wie in den *Ratten*, expandierten im Westen Berlins die Villenviertel von Charlottenburg und Wannsee. Der Gegensatz zwischen dem Westen und dem Osten Berlins wurde sprichwörtlich, der *Zug nach dem Westen* (von Paul Lindau, 1886) war ein erfolgreicher Romantitel, den Aufstieg der Bourgeoisie beschreibend. Auch Hassenreuter hat zwar seinen Fundus im Osten, aber er lebt im Westen. Auf dem Weg vom proletarischen Osten nach dem bürgerlichen Westen ist eine schützende Begleitung durchaus angesagt, wie Spitta meint. Diesen Gegensatz von Orten setzt der Titel fort. Für Hassenreuter ist alles „Ratte", was „unser herrliches neues geeinigtes Deutsches Reich zu unterminieren" (HL 47/U 70) droht; dazu gehören die unter dem Sozialistengesetz leidende und kämpfende Sozialdemokratie – das Stück spielt 1886 –, aber auch Künstler, die sich der „Heilung sogenannter sozialer Schäden" (HL 30/U 45; Hassenreuter) widmen wie im Stück der Schauspielschüler Spitta. Bruno, Frau Johns Bruder, der zum Mörder wird, schlägt sich als Hausierer durchs Leben, handelt mit Streichhölzern und stellt „Mausefallen" gegen die „Ratten" auf, „so'n Jeschäft zum Vahungern" (HL 7/U 11). Seine soziale Herkunft, die auch die der John ist, beschreibt er als „mit'n Ast uffn Puckel, wenn det'n ooch det'n keener sieht, un nich in Zangzuzih uff de Welt jekomm" (HL 11/U 15 f.).

Die Fronten sind deutlich und trennen die beiden Handlungsräume; sie sind durch die soziale Stellung, Beziehungen und

Einkommen geprägt. Henriette John betritt den „Dienstraum" des Theaterdirektors nur als Reinigungskraft, der Theaterdirektor kommt nur zur offiziellen Gratulation zu den Johns in die zweite Etage.

Hauptmann sah sich von den ersten Kritiken enttäuscht und schrieb eine eigene Betrachtung, in der er die Kritiker auf den zentralen Vorgang des Stückes aufmerksam machte: „Vom Teil zur Einheit des Ganzen muss der Zuschauer schreiten." Der umgekehrte Weg ermögliche Erkenntnisse zu den Teilen. Insgesamt aber sei die Idee des Dramas der „Gegensatz zweier Welten", aus dem sich eine natürliche Handlung ergebe. So deutlich hatte Gerhart Hauptmann seit den *Webern* nicht mehr das soziale Anliegen von Dichtung genannt.

LITERATUR

Zitierte Ausgaben:

Gerhart Hauptmann: *Die Ratten. Berliner Tragikomödie*. Hamburger Leseheft Nr. 220. Husum/Nordsee: Hamburger Lesehefte Verlag, 2011. → Zitatverweise sind mit **HL** gekennzeichnet.

Hauptmann, Gerhart: *Die Ratten. Berliner Tragikomödie*. Ullstein Buch Nr. 23563. Berlin: Ullstein Buchverlage, ^{40}2011. [Seit August 2011 auch als eBook erhältlich.] → Zitatverweise sind mit **U** gekennzeichnet.

Primärliteratur:

Hauptmann, Gerhart: *Sämtliche Werke (Centenar-Ausgabe).* 11 Bände. Hrsg. von Hans-Egon Hass. Berlin: Propyläen Verlag, 1996. → In den Erläuterungen zitiert als **CA** mit nachfolgender Band- und Seitenangabe.

Hauptmann, Gerhart: *Die Ratten (Paralipomena).* In: Gerhart Hauptmann: Sämtliche Werke (Centenar-Ausgabe). Hrsg. von Hans-Egon Hass. Bd. IX, Berlin: Propyläen Verlag, 1996.

Hauptmann, Gerhart: *Tagebücher 1897 bis 1905*. Hrsg. von Martin Machatzke. Frankfurt a. M., Berlin: Propyläen Verlag, 1987.

Hauptmann, Gerhart: *Tagebücher 1906 bis 1913. Mit dem Reisetagebuch Griechenland – Türkei 1907.* Nach Vorarbeiten von Martin Machatzke hrsg. von Peter Sprengel. Frankfurt a. M., Berlin: Propyläen Verlag, 1994.

Brahm, Otto; Hauptmann, Gerhart: *Briefwechsel 1889–1912*. Erstausgabe mit Materialien. Hrsg. von Peter Sprengel. Tübingen: Gunter Narr Verlag, 1985 (Deutsche TextBibliothek, Bd. 6).

Ausstellungskataloge:

Gerhart Hauptmann. Leben und Werk. Eine Gedächtnisausstellung des Deutschen Literaturarchivs zum 100. Geburtstag des Dichters im Schiller-Nationalmuseum Marbach a. N. Hrsg. von Bernhard Zeller. Katalog Nr. 10. Marbach: Schiller-Nationalmuseum, 1962.

Wirklichkeit und Traum. Gerhart Hauptmann 1862–1946. Ausstellung der Staatsbibliothek Preußischer Kulturbesitz Berlin. Wiesbaden: Reichert, 1987 (Ausstellungskataloge 31).

Lernhilfen und Kommentare für Schüler:

Bellmann, Werner (Hrsg.): *Gerhart Hauptmann. Die Ratten*. Erläuterungen und Dokumente. Stuttgart: Reclam, 1990 (Universal-Bibliothek Nr. 8187). → Ausführliche Wort- und Sacherklärungen. Gute Dokumentation der Entstehungsgeschichte, der Varianten und der Wirkungsgeschichte. Nützliches Hilfsmittel für die Beschäftigung mit dem Stück, ohne eigenen Interpretationsvorschlag.

Bernhardt, Rüdiger: *Erläuterungen zu Gerhart Hauptmann. Die Ratten.* Königs Erläuterungen und Materialien, Band 284. Hollfeld: Bange Verlag, 2010 (3. Auflage). → Umfangreicher Vorläufer der vorliegenden Interpretation.

Große, Wilhelm: *Gerhart Hauptmann. Die Ratten*. Lektüreschlüssel. Stuttgart: Reclam, 2010 (Universal-Bibliothek Nr. 15426). → Genaue Inhaltswiedergabe und Worterläuterungen, manches Widersprüchliche.

Payrhuber, Franz-Josef: *Gerhart Hauptmann*. (Literaturwissen für Schule und Studium). Stuttgart: Reclam, 1998 (Universal-Bibliothek Nr. 15215), zu den *Ratten*: S. 57–66. → Geeignet für schnelle Information, in den Fakten unzuverlässig.

STICHWORTVERZEICHNIS